O CIGARRO

Conselho Editorial

Alcino Leite Neto
Ana Luisa Astiz
Antonio Manuel Teixeira Mendes
Arthur Nestrovski
Carlos Heitor Cony
Gilson Schwartz
Marcelo Coelho
Marcelo Leite
Otavio Frias Filho
Paula Cesarino Costa

FOLHA
EXPLICA

O CIGARRO
MARIO CESAR CARVALHO

PubliFolha

© 2001 Publifolha – Divisão de Publicações da Empresa Folha da Manhã Ltda.
© 2001 Mario Cesar Carvalho

Todos os direitos reservados. Nenhuma parte desta publicação pode ser reproduzida, arquivada ou transmitida de nenhuma forma ou por nenhum meio sem permissão expressa e por escrito da Publifolha – Divisão de Publicações da Empresa Folha da Manhã Ltda.

Editor
Arthur Nestrovski

Assistência editorial
Paulo Nascimento Verano
Marcelo Ferlin Assami

Capa e projeto gráfico
Silvia Ribeiro

Assistência de produção gráfica
Soraia Pauli Scarpa

Revisão
Mário Vilela

Imagens
Departamento de Serviços de Saúde da California (p. 12); Keystone (p. 6 e 41) e Ministério da Saúde (p. 69)

Editoração eletrônica
Picture studio & fotolito

Dados internacionais de Catalogação na Publicação (CIP)
(Câmara Brasileira do Livro, SP, Brasil)

Carvalho, Mario Cesar
    O cigarro / Mario Cesar Carvalho. – São Paulo :
Publifolha, 2001. – (Folha explica)

    Bibliografia.
    ISBN 85-7402-337-X

    1. Cigarros – Hábitos – Prevenção 2. Cigarros – História
3. Cigarros – Indústria I. Título. II. Série.

01-5361   CDD-362.2967

Índices para catálogo sistemático:
1. Cigarros : Combate : Problemas sociais   362.2967

PUBLIFOLHA
Divisão de Publicações do Grupo Folha

Av. Dr. Vieira de Carvalho, 40, 11º andar, CEP 01210-010, São Paulo, SP
Tel.: (11) 3351-6341/6342/6343/6344 – Site: www.publifolha.com.br

Os leitores interessados em fazer sugestões podem escrever para Publifolha no endereço acima, enviar um fax para (11) 3351-6330 ou um e-mail para publifolha@publifolha.com.br

SUMÁRIO

INTRODUÇÃO:
FRAUDE, CORRUPÇÃO E MENTIRAS 7

1. QUARENTA ANOS DE IMPOSTURAS 13

2. AGORA É GUERRA 21

3. DUAS GUERRAS DESTRUÍRAM AS BARREIRAS 33

4. O *STRIPTEASE* CIENTÍFICO 43

5. POR QUE O CIGARRO
   CONQUISTOU O MUNDO 55

6. O BRASIL ENTRA NA BRIGA 65

7. O FUTURO 73

BIBLIOGRAFIA E SITES 79

Em Gilda, filme de Charles Vidor de 1946, Rita Hayworth disseminou a imagem erotizada da mulher fumante após a Segunda Guerra

INTRODUÇÃO: FRAUDE, CORRUPÇÃO E MENTIRAS

Os caubóis parecem os mesmos de sempre – botas, chapelões, calças justas, laços na mão. A cena lembra em quase tudo um comercial de Marlboro: estão lá a paisagem selvagem, a música grandiloqüente e o ar estóico dos caubóis. O diabo é a ação. Em vez de laçar vacas, como sempre fizeram, eles perseguem crianças, apavoradas com os cavalos que avançam sob uma nuvem de poeira, num tropel de boiada encurralada. A mensagem não é nada sutil: a indústria do cigarro está aliciando adolescentes a laço.

Os caubóis laçadores de crianças, protagonistas de uma propaganda contra o fumo veiculada na TV pelo governo da Califórnia em 1996, marcaram nos EUA o início de uma nova imagem de massa para o cigarro, a qual se propagou pelo mundo feito vírus de computador. O comercial simbolizou o início de uma nova era para o cigarro – a era do ataque. Em vez de sexo, *glamour* ou aventura, imagens que a indústria do tabaco cultuava desde 1910, o cigarro passou a simbolizar o mal.

O principal argumento de ataque ao cigarro é a defesa da saúde pública. Como a música dos comerciais de cigarro, os números usados para aquilatar o tamanho do desastre também são grandiloqüentes:

• O cigarro matou mais no século 20 que todas as guerras somadas: foram 100 milhões de vítimas, segundo a Organização Mundial de Saúde (OMS).

• O fumo mata 3,5 milhões de pessoas no mundo ao ano, número superior à soma das mortes provocadas pelo vírus da Aids, pelos acidentes de trânsito, pelo consumo de álcool, cocaína e heroína e pelo suicídio.

• No Brasil, todo ano, morrem 80 mil pessoas de doenças relacionadas ao fumo, quase o dobro das vítimas de homicídio no país.

• O cigarro é o maior causador de mortes evitáveis na história da humanidade.

• O futuro pode ser ainda mais tenebroso. Se os padrões de consumo continuarem inalterados no século 21, o cigarro deverá matar dez vezes mais que no século passado: 1 bilhão de pessoas, segundo projeção do Banco Mundial e da OMS.[1] Em 2020, as mortes por ano deverão atingir a casa dos 10 milhões, se nada mudar até lá.

Para retratar com mais precisão o tabagismo, elevado à categoria de doença pela OMS a partir de 1992, os médicos colocaram em circulação um termo reservado para ocasiões muito especiais: pandemia, ou epidemia generalizada. O cigarro gerou a maior pandemia da história, na definição da OMS: 1,1 bilhão de pessoas fuma, o equivalente a um terço da população adulta do mundo.

---

[1] A estimativa está na seção de apresentação de *Tobacco Control in Developing Countries*, uma pesquisa feita pelo Banco Mundial e pela Organização Mundial de Saúde em 13 países.

Ataques contra o fumo existem desde que ele chegou à Europa, no final do século 15, para onde foi levado pelas mãos de um capitão da equipagem de Cristóvão Colombo, d. Rodrigo de Xeres, que desembarcara na América em 1492. Que o tabaco faz mal já se sabe desde o século 18, pelo menos.

A novidade que catalisou os ataques foi um cruzamento inédito de fatos, comportamentos e descobertas, ocorrido no final do século 20. Ao brutal consenso científico de que o cigarro causa pelo menos meia centena de doenças, somaram-se uma obsessão com o corpo e com a saúde jamais vista e a descoberta de que a indústria do tabaco cometeu uma sucessão de fraudes, propagou mentiras com ares de controvérsia científica e enganou os consumidores num nível provavelmente inédito na história do capitalismo.

A satanização do fumo não ocorreu por acaso no final do século 20. O puritanismo dominante na sociedade americana e sua repulsa a todo e qualquer tipo de prazer receberam uma chancela científica ao ter escolhido o cigarro como alvo. Não é um prazer qualquer que está na mira – é um prazer que mata. Um puritano jamais conseguirá entender uma das definições de Cícero (106-43 a.C.) para a felicidade: "Vive-se bem quando se é capaz de desprezar a morte".

O poder das empresas que fabricam cigarros também ajudou a galvanizar o ódio ao fumo. Se fosse contada só com os fatos que a indústria escondeu ou deturpou, a história do cigarro seria uma sucessão de fraudes, corrupção e mentiras. As duas maiores fraudes praticadas pela indústria parecem hoje risíveis diante das provas científicas:

• Os fabricantes de cigarro tentaram criar um clima de controvérsia para um fato que eles próprios conheciam desde os anos 50 e só admitiram 40 anos depois – o de que o cigarro provoca câncer de pulmão.

• Eles também negaram o tempo todo que o cigarro fosse uma droga que causa dependência, pior até do que aquela provocada pela cocaína e heroína, porque nenhum usuário dessas duas drogas consome-as com a mesma freqüência que um fumante.

Isso aconteceu praticamente no mundo todo. Mas nos EUA o consumidor sente-se afrontado quando é iludido. Ele então luta por seus direitos em tribunais, como se estes fossem um dos últimos resquícios da democracia moderna que eles ajudaram a criar. A mensagem parece ser a seguinte: "Agora que as grandes empresas mandam em tudo, vamos mostrar que esse poder tem limites". Foi por isso que a história do cigarro no final do século 20 virou caso de tribunais.

Este livro tem uma ambição prosaica: tenta resumir a história do cigarro com base nos conflitos entre a ciência e a indústria, entre o prazer e o risco. Parte de fatos recentíssimos (a revelação de milhares de documentos secretos dos fabricantes de cigarros nos EUA a partir dos anos 90, documentos estes praticamente desconhecidos no Brasil), passeia pelos 40 anos de mentira da indústria, retrata como nosso país entrou nessa briga, mostra que o antitabagismo tem 500 anos e discute qual o futuro da droga que, ao lado da cafeína, é a mais popular da história – ela seduz um quinto do planeta e tem vendas de US$ 300 bilhões por ano.

Esboço de cenas de propaganda do governo da Califórnia, de 1996, que associa o caubói da Marlboro à venda de cigarros para adolescentes

1. QUARENTA ANOS DE IMPOSTURAS

A sucessão de fraudes da indústria do cigarro teve início para combater um pesquisador que pintava ratos com nicotina. Em 1953, o médico Ernst Wynder, um judeu alemão que deixara seu país com a ascensão de Hitler, experimentou pincelar o dorso de 86 ratos de laboratório com uma substância obtida da condensação da fumaça do cigarro Lucky Strike. Ele queria ver o que acontecia. Cada rato recebeu, três vezes por semana durante dois anos, 40 gramas de alcatrão destilado (o equivalente à quantidade de alcatrão e nicotina encontrada num maço de cigarro), após ter o dorso raspado com um barbeador elétrico. O resultado foi assustador. Dos 62 ratos que sobreviveram, 58% tinham desenvolvido tumores cancerígenos. Entre os ratos pintados, 90% morreram nos 20 meses seguintes. No grupo de ratos que não foram pintados, 58% sobreviveram durante esse mesmo período.

A ligação entre fumo e câncer, sobretudo no aparelho respiratório, não era nova. Um dos mais antigos registros data de 1761, quando o médico londrino John Hill associou tumores no nariz ao consumo de rapé, o tabaco em pó para aspirar. Em 1859, um clínico francês chamado M. Buisson relatou que, ao analisar 68 pacientes com câncer nos lábios e na boca, descobriu que 66 fumavam cachimbo. Um livro publicado em 1885, *The Tobacco Problem*, de Meta Lander, traz depoimentos de seis médicos que ligavam o tabaco a vários tipos de câncer.

Em 1928, os médicos Herbert L. Lombard e Carl B. Doering publicaram um tipo de estudo que se tornaria padrão no século 20 – a relação entre as mortes por câncer com idade, renda, alimentação e fumo. Concluíram que os fumantes inveterados são mais propensos a morrer de câncer que os não-fumantes. Estudos epidemiológicos feitos em 1937 nos EUA e na Alemanha nazista chegaram à mesma conclusão: cigarro causa câncer.

Os ratos pintados com nicotina por Wynder, porém, introduziram uma novidade científica: não era só mais um estudo estatístico, nem apenas observação direta, ao contrário do que ocorrera nos textos dos séculos 18 e 19. Pela primeira vez, um experimento de laboratório comprovara o efeito cancerígeno do fumo. O estudo teve a repercussão de uma bomba para a indústria. Entre 1953 e 1954, o consumo *per capita* de cigarros teve queda de 10%. Jornais e revistas adoraram a história dos ratos que desenvolviam câncer.

A indústria entrou em pânico. Sua primeira providência foi contratar uma das maiores empresas de relações públicas dos EUA, a Hill & Knowlton, para tentar neutralizar a repercussão dos ratos pintados com nicotina. Em janeiro de 1954, a resposta da indústria circulou num anúncio de página inteira, publicado em 448 jornais americanos. Sob o título "Uma Declaração Franca Para os Fumantes", o anúncio era categórico nas afirmações: não havia provas científicas de que cigarro causasse câncer; os bioestatísticos poderiam apontar como causa qualquer outro fator ligado à vida moderna, como a poluição de carros e fábricas ou a alimentação industrializada. "Acreditamos que nossos produtos não fazem mal à saúde", dizia o texto, assinado pelo recém-criado Comitê de Pesquisas da Indústria do Tabaco. Ao final do anúncio, o comitê fazia uma promessa: alardeava que a indústria "aceitava como responsabilidade básica o interesse pela saúde das pessoas, acima de todas as outras considerações de nosso negócio". Para provar que ela estava interessada em pesquisar o impacto do fumo sobre a saúde, estava lá o comitê de pesquisas, financiado por todos os fabricantes de cigarro.

Como se verá, era tudo mentira.

A fraude da indústria começou a ser desmontada a partir de 1994, em duas frentes: a da Justiça, na qual advogados conseguiram tornar públicos documentos secretos da indústria, e a dos desertores, formada por funcionários das fábricas que começaram a revelar o que sabiam, movidos pela guerra contra o cigarro, pela consciência culpada e por certo narcisismo, é claro.

O teor dos documentos era exatamente o oposto do discurso que a indústria adotara entre os anos 50 e 90. Em resumo, diziam que cigarro provoca câncer e infarto e que a nicotina é uma droga que causa dependência.

Há dois gêneros de documento: os científicos e os memorandos do alto escalão da indústria. O mais antigo dos textos científicos revelados é de fevereiro de 1953, oito meses antes de a pesquisa com os ratos pintados com nicotina ter sido apresentada pela primeira vez. Assinado por Claude Teague, um pesquisador da R.J. Reynolds, o texto associa com câncer o uso de cigarro por períodos longos: "Estudos de dados clínicos tendem a confirmar a relação entre o uso prolongado de tabaco e a incidência de câncer de pulmão".[2]

Logo em seguida, o pesquisador descreve quais são os agentes cancerígenos do cigarro: "compostos aromáticos polinucleares ocorrem nos produtos pirológicos [ou seja, que queimam] do tabaco. Benzopireno e N-benzopireno, ambos cancerígenos, foram identificados nos destilados".

Três anos depois da revelação sobre os ratos com tumores, outro pesquisador da R.J. Reynolds, Alan Rodgman, defendia a necessidade de criar um cigarro que não provocasse câncer: "Já que agora está bem definido que a fumaça de cigarro contém vários hidrocarbonetos aromáticos policíclicos, e considerando o potencial e a atividade cancerígena de vários desses compostos, é necessário um método para remover total ou quase totalmente esses componentes da fumaça".[3]

A paranóia do câncer era tamanha que um dos fabricantes até eliminou o nome dessa doença na correspondência interna. Em 1957, quando surgiram os primeiros processos judiciais contra os fabricantes de cigarro, a Brown & Williamson – uma subsidiária da British-American Tobacco, exatamente como a Souza Cruz – criou um codinome para não registrar o substantivo *câncer*. Era *zephyr* (em português, "zéfiro", nome dado ao vento suave que vem do oeste, pouco mais forte que uma brisa). "Com o resultado das pesquisas estatísticas, tem crescido a idéia de que há uma relação causal entre *zephyr* e fumo, particularmente ci-

---

[2] Peter Pringle, *Cornered: Big Tobacco at the Bar of Justice*. New York: Henry Holt, 1998; p. 130.
[3] Pringle, op. cit., p. 130-1.

garros [...]. Fumaça de cigarro contém uma ou mais substâncias que causam *zephyr*".

Os memorandos dos altos executivos são ainda mais reveladores, principalmente pelo teor de cinismo que carregam quando confrontados com o discurso público. Oficialmente, os fabricantes de cigarro rejeitam ferozmente que o produto que vendem seja classificado como droga. Na correspondência interna, a conversa é outra.

Um desses documentos, de 1963, trata numa só frase dos dois maiores tabus para os fabricantes de cigarro – ele fala em droga e em dependência. "Nosso negócio é vender nicotina, uma droga viciante que é eficaz no relaxamento dos mecanismos do estresse", escreveu Addison Yeaman, presidente do conselho da Brown & Williamson.

Em 1961, a Ligget & Myers, uma fábrica dos EUA, encomendou uma pesquisa sobre os componentes da fumaça do cigarro. O texto com o resultado da pesquisa, desenvolvida pela empresa Arthur D. Little, começava assim: "Há materiais biológicos ativos na fumaça do tabaco do cigarro. Eles são: a) causadores de câncer; b) promotores de câncer; c) tóxicos; d) estimulantes e prazerosos".

Outros textos menos contundentes mostravam que a indústria fazia campanhas publicitárias para atingir adolescentes e manipulava o nível de nicotina no cigarro. Um memorando de 1965 do pesquisador Ron Tamol, da Philip Morris, produtora do cigarro mais vendido no mundo, o Marlboro, trazia a seguinte anotação: "Determinar o mínimo de nicotina para manter o fumante normal 'viciado'".

Manipular o nível de nicotina era tema proibido porque, se tal prática fosse provada, mostraria que a indústria alterava os ingredientes de seu produto como se este fosse uma droga – e aí a venda de cigarros poderia sofrer limitações.

O governo dos EUA encontrou a prova da manipulação num texto escrito em português, descoberto por uma bibliotecária da Food and Drugs Administration (FDA, a agência que controla remédios e comida). O texto era um pedido de patente da Brown & Williamson, empresa irmã da Souza Cruz, para "uma variedade de fumo geneticamente estável". O pedido era de 1992. Mesmo sem saber português, a bibliotecária, Carol Knoth, reparou num número: 6%. E uma dúvida persistia: por que o texto fora escrito em português?

Primeiro, a FDA descobriu que o número referia-se ao percentual de nicotina produzido pela planta transgênica. Era praticamente o dobro dos níveis de nicotina encontrados no fumo sem manipulação genética, que variam de 2,5% a 3,5%. O porquê de o texto ter sido escrito em português seria revelado com a ajuda de Janis Bravo, uma funcionária da DNA Plant Technology, empresa que produzira a planta geneticamente modificada (com o nome futurista de Y1). Janis contou que tinham sido enviadas ao Brasil sementes suficientes para produzir mil toneladas de fumo. Uma pesquisa nos arquivos alfandegários nos EUA revelou que a Brown & Williamson despachara 1 milhão de quilos de sementes do fumo geneticamente modificado Y1 para a Souza Cruz Overseas. O roteiro das sementes era o mesmo dos negócios escusos: iam para as ilhas Cayman e depois para o Brasil.

O Brasil fora escolhido porque a indústria fez nos EUA um acordo de cavalheiros para não elevar os níveis de nicotina. Do contrário, haveria uma espécie de jogo sujo que viciaria de tal forma o consumidor que isso praticamente eliminaria a concorrência entre marcas. Cultivando o Y1 no Brasil, onde as sementes foram plantadas no Rio Grande do Sul, a Brown & Williamson, segundo sua visão particular de ética, não estava violando o acordo.

Um empregado da Brown & Williamson também decidiu abrir a boca. Contou à FDA que a empresa estocara nos EUA entre 125 e 250 toneladas de fumo Y1.

Por causa do processo aberto nos EUA contra a Brown & Williamson, a Souza Cruz interrompeu a produção do Y1 no Brasil.

A engenharia genética era a forma mais sofisticada de alterar o nível de nicotina do cigarro, mas não era a única. Um manual de mistura de fumos da Brown & Williamson ensinava outro método – a adição de amônia. "Um cigarro que incorpore a tecnologia da amônia vai distribuir mais compostos de sabor na fumaça, inclusive nicotina, do que um sem nada." A técnica é simples: a amônia reage com os sais da nicotina e eleva o nível de liberação da mesma nicotina. As fábricas brasileiras também recorreram ao método da amônia, segundo o Instituto Nacional do Câncer.

É mais um ingrediente para engrossar a lista de cerca de 600 compostos que são adicionados ao cigarro, conforme a própria indústria.[4]

---

[4] Richard Kluger, *Ashes to Ashes – America's Hundred-Year Cigarette War, the Public Health, and the Unabashed Triumph of Philip Morris*. New York: Vintage, 1997; p. 549.

2. AGORA É GUERRA

A indústria do cigarro propagandeava pelo mundo afora, como prova de inocência e símbolo de conduta irrepreensível, que nunca perdera uma ação judicial movida por fumantes que tiveram câncer de pulmão ou morreram de doenças relacionadas ao fumo. Era verdade. Entre 1954, quando começaram as ações nos EUA, e 1992, foram abertos 813 processos contra os fabricantes; dos 23 que chegaram a julgamento, só dois obtiveram vitórias em primeira instância, e ainda assim perderam em tribunais superiores.

Essa situação sofreria uma reviravolta em junho de 1997. E que reviravolta. Acossada por ações não mais de indivíduos, mas de estados americanos que tentavam recuperar o dinheiro gasto pelo sistema de saúde para tratar fumantes, a indústria concordou em pagar a maior indenização da história: US$ 246 bilhões durante 25 anos. Em troca, os 50 estados americanos desistiram do processo que moviam por fraude contra a saúde pública. Os US$ 10 bilhões que a indústria se comprometeu a pagar por ano até 2023, equivalentes ao produto interno bruto (PIB) de um país como Moçambique, parecem uma fortuna, mas – como se verá – foi um negócio de pai para filho. Mesmo quando aparentemente perde, a indústria do cigarro sai ganhando, concluiu um militante antifumo envolvido na guerra.[5]

A qualificação de guerra, como fazem os jornais americanos, tem algo de sensacionalista, claro, mas era exatamente assim que os dois lados envolvidos – a indústria e, opondo-se a ela, os profissionais de saúde, cientistas, ecologistas e militantes antifumo – encaravam a disputa.

Como acontece nas guerras, as deserções na indústria do cigarro foram fundamentais para o acordo de US$ 246 bilhões. Como também ocorre nas guerras, as deserções tiveram algo de espetacular. Os documentos secretos revelados por ex-funcionários das fábricas durante a disputa judicial mostraram-se decisivos para mudar o conceito que a opinião pública e os juízes, sobretudo, tinham sobre os males do fumo.

A deserção mais espetacular virou até filme de Hollywood: *O Informante* (*The Insider*, 1999), com Al Pacino e Russel Crowe. Foi baseado na história de Jeffrey Wigand, bioquímico que chegou a uma vice-presidência da Brown & Williamson, desiludiu-se com o destino das pesquisas que fazia, foi demitido e decidiu contar tudo o que sabia à Justiça.

Wigand foi demitido em 1993, por um novo presidente da Brown & Williamson, o qual achava bobagem fazer pesquisas sobre um cigarro mais segu-

---

[5] Pringle, op. cit., p. 304-5.

ro, ao contrário do que defendia o bioquímico. A demissão se revelaria desastrosa: o cientista-executivo foi descoberto por um jornalista da CBS, em busca de ajuda numa reportagem investigativa sobre o fumo. Humilhado na demissão (não pôde nem pegar as anotações científicas que acumulara em quatro anos), o bioquímico topou ajudar o jornalista – receberia US$ 12 mil para tentar decifrar papéis da indústria. Ao romper o acordo de confidencialidade que assinara, Wigand viu sua vida transformar-se num pandemônio. Passou a receber ligações anônimas, na qual uma voz dizia: "Não suje a indústria do tabaco". A ameaça mais contundente surgiu na forma de uma bala de revólver depositada na caixa de correio de sua casa.

O bioquímico reagiu com as armas que tinha – o conhecimento dos bastidores da indústria, um mundo nebuloso que só na década de 90 começava a ser revelado. Wigand topou testemunhar contra a indústria no processo que os estados moviam, no qual pediam aquela indenização de US$ 246 bilhões.

Ele contou à Justiça que era óbvio que os altos executivos da Brown & Williamson sabiam que cigarro provoca dependência e causa câncer. Os cientistas falavam nisso desde a década de 50, mas era a primeira vez que um alto executivo da indústria abria o jogo. O bioquímico revelou também que se adicionavam produtos químicos ao tabaco para aumentar a dependência. Um dos meios de turbinar o cigarro era a manipulação genética, o fumo conhecido como Y1, que a Souza Cruz plantava no Brasil. Wigand disse que a Brown & Williamson contrabandeara sementes de Y1 para o Brasil de um modo não muito diferente daquele que os garotos usam para esconder drogas dos pais: um funcionário da empresa ocultava as sementes dentro de maços de cigarro e viajava com o pacote.

Convertido em herói depois de ter testemunhado, o bioquímico precisou mudar de padrão de vida. Trocou salários da ordem de US$ 300 mil por ano (como o que ganhava da Brown & Williamson) por um décimo desse valor quando passou a dar aulas de química e japonês num colégio.[6]

A indústria do cigarro levou outra punhalada de um ex-ator e ex-professor de teatro que sonhava com a fama. Merrel Williams despencara na escala social nos anos Reagan, fazendo biscates como pintor e vendedor de carros; e acabou, no final de 1987, como pesquisador de documentos de um escritório de advocacia de Louisville, no estado do Kentucky. Ele tinha uma tarefa chatíssima: ficava trancado num antigo depósito da Brown & Williamson, numa região de Louisville onde a degradação substituía a antiga opulência, lendo documentos empoeirados, com um vigia à porta, sempre ao lado de uma placa em que se lia: "Proibido entrar na sala sem autorização". O que havia ali era tão sigiloso que, antes de ter começado a trabalhar, Williams assinara um compromisso de confidencialidade.

Williams era pouco mais que um peão num jogo conhecido pelos altos salários que paga a seus defensores: ganhava US$ 9 por hora, enquanto os advogados a quem servia recebiam US$ 500 pelo mesmo período de trabalho.

Não demorou muito para ele perceber que estava mexendo com textos explosivos. Todo o discurso que a indústria do cigarro repetia desde os anos 50 era desmentido pelo que Williams lia. Câncer? Estavam lá documentos dos anos 60 mostrando que os cientistas

---

[6] Pringle, op. cit., p. 186.

da Brown & Williamson tinham feito experiências com animais e concluído que o tabaco é cancerígeno. Dependência? Havia dezenas de documentos para confirmar essa propriedade do fumo. Sem que o vigia percebesse, o ex-ator começou a sair para o horário do almoço com documentos escondidos sob a camisa. Fez isso por três anos, e o vigia nunca notou que ele estava levando as provas que mudariam a história judicial do cigarro nos EUA.

A primeira providência de Williams foi esconder os documentos em outro estado, em Miami, na casa de um amigo. Após ter concluído seu trabalho, em fevereiro de 1992, ficou um ano matutando o que fazer com os papéis. Em 1993, numa estratégia para que os documentos ganhassem legitimidade judicial, o escritório de advocacia que o contratara foi informado de que Williams havia furtado documentos secretos da Brown & Williamson. O escritório respondeu que os documentos não tinham importância.

Em abril do ano seguinte, o ex-ator decidiu entregar a papelada a um advogado que representava o estado do Mississippi. Um mês depois, a história estava nas páginas do *New York Times*, o mais prestigiado jornal americano: "Companhias de Tabaco Se Calaram Sobre os Riscos" era o título da primeira reportagem de uma série.

Era só o começo. Um pacote com 4 mil páginas de documentos furtados por Williams foi endereçado ao médico Stanton Glantz, professor da Universidade da Califórnia em São Francisco e militante antifumo desde os anos 60. Para facilitar a consulta de pesquisadores que o procuravam, Glantz enviou uma cópia da papelada à biblioteca da universidade. A Brown & Williamson tentou deter a farra com seus documentos secretos movendo uma ação judicial contra a universidade, mas foi derrotada na Suprema Corte da

Califórnia em 29 de junho de 1994. Meses depois, os documentos secretos estavam na Internet (http://library.ucsf.edu/tobacco) e em CD-ROM. Finalmente, em 1996, foi editado um livro com os mais importantes documentos secretos da Brown & Williamson, chamado *The Cigarette Papers*.[7]

A indústria do cigarro ficou nua – e o *striptease* estava apenas começando.

O outro ataque aos arquivos secretos da indústria ocorreu no *front* legal. O estado de Minnesota – o segundo a ter entrado com uma ação contra a indústria por fraude no sistema de saúde pública, em agosto de 1994, três meses depois do Mississippi – requisitou ao juiz uma consulta a todos os documentos sobre fumo e saúde existentes nos arquivos dos fabricantes. Desde os anos 60, já temendo processos judiciais, a indústria do cigarro adotara uma norma: qualquer documento mais revelador era classificado como parte da relação privilegiada entre cliente e advogado, o que garantia sua confidencialidade.

O subterfúgio acabou quando a Justiça dos EUA determinou que a Philip Morris e a British-American Tobacco, na Inglaterra, entregassem cópias de todo o seu arquivo sobre saúde. Em setembro de 1994, as companhias enviaram caminhões de documentos, sem nenhuma ordem, fosse cronológica, fosse temática. Sem índice, os 150 mil documentos confidenciais poderiam tomar mais de seis anos para analisar, se cada um deles fosse olhado por apenas cinco minutos.

A estratégia de usar todos os tipos de subterfúgio para atrasar um processo e fazer o oponente gastar

---

[7] Stanton A. Glantz (ed.), *The Cigarette Papers*. Berkeley: University of California Press, 1996.

mais tinha sido verbalizada por um conselheiro jurídico da R.J. Reynolds. "O jeito de vencer os casos, para parafrasear o general Patton, não é gastar todo o dinheiro da Reynolds, mas fazer os filhos da puta gastarem todo o seu", ensinava esse advogado, Michael Jordan.[8] Os "filhos da puta" eram os fumantes e advogados que decidiam processar a indústria do cigarro.

Seis meses depois, os advogados dos estados conseguiram na Justiça uma lista do conteúdo de cada uma das caixas. Hoje, todos os documentos podem ser consultados via Internet. Após um acordo entre o Ministério Público de vários estados e a indústria, foi criado um site para dar publicidade aos documentos (www.tobaccoarchives.org).

Um dos documentos encontrados nos arquivos da R.J. Reynolds mostra que a manipulação dos níveis de nicotina, uma obsessão dos militantes antifumo nos EUA, era um expediente antigo, usual desde os anos 70, no mínimo. O documento que continha a prova era datado de 1973, estava assinado por Claude Teague, chefe-assistente de pesquisas da R.J., e trazia o carimbo de "secreto".

O pesquisador estava tentando entender o sucesso vertiginoso do Marlboro, fabricado pela Philip Morris, e a queda do Winston, antes a marca mais popular da R.J. Teague descobriu que ambas as marcas tinham o mesmo nível de nicotina, mas que a nicotina do Marlboro era mais volátil – ou seja, chegava mais depressa à corrente sanguínea do fumante. O motivo da absorção mais rápida era óbvio: o Marlboro era mais alcalino que o Winston. Em cigarros mais ácidos, como o Winston, por exemplo, a nicotina é

---

[8] Pringle, op. cit., p. 195.

absorvida mais devagar. Nos mais alcalinos, a absorção mais rápida de nicotina causa dependência mais rapidamente. A concorrência feroz levara a Reynolds a abrir a caixa-preta da Philip Morris e revelar uma das razões do sucesso do Marlboro, o cigarro mais vendido no mundo.

Outra pesquisa da Philip Morris obtida pelos advogados datava de 1965 e tinha como objetivo "determinar o mínimo de nicotina para manter o fumante normal 'viciado'". Era assinada por Ron Tamol, um engenheiro que, ao aposentar-se, levou caixas com centenas de documentos. Anos depois, carregou as caixas para a casa da namorada, uma decoradora, quando se mudou para lá. Tamol nunca mais viu a papelada – a namorada se desiludiu com ele e decidiu entregar as caixas aos advogados que estavam processando a indústria do tabaco. A mídia adorou a história de sexo, traição e documentos secretos.

Outros cientistas que haviam trabalhado para os fabricantes de cigarro decidiram colaborar. A Philip Morris vivia repetindo que não manipulava os níveis de nicotina em suas marcas e que era tudo "natural" – até que um de seus pesquisadores, chamado William Farone, trouxe a público uma pesquisa que fizera. O título do trabalho já dizia tudo: "A Manipulação e o Controle de Nicotina e Alcatrão no Projeto e na Produção de Cigarros".

Com as entranhas expostas em praça pública, a indústria começou a perder processos de indenização, movidos por fumantes que estavam com câncer. O ânimo da Justiça, após a revelação dos primeiros documentos secretos, parece estar resumido na sentença de uma ação movida pela fumante Rose Cipollone, que morreu em 1984, oito anos antes de o processo judicial ter chegado ao fim: "Quem são essas pessoas que, consciente e secretamente, decidem oferecer ao público um risco apenas com o propósito de obter lucros e acreditam que a doença e a morte dos consumidores são o custo apropriado para sua própria prosperidade?", escreveu o juiz H. Lee Sarokin. E concluiu: "apesar da crescente hipocrisia, os fabricantes de cigarro devem ser os reis da ocultação e da desinformação".[9]

A família de Rose Cipollone foi a primeira na história dos processos a ter obtido na Justiça uma indenização no valor de US$ 400 mil, mas a indústria conseguiu mudar a sentença num tribunal superior.

Em agosto de 1996, um controlador de tráfego aéreo chamado Grady Carter, que perdera parte do pulmão depois de ter fumado por 40 anos, recebeu uma indenização de US$ 750 mil. No dia seguinte à sentença, as ações da Philip Morris despencaram 14%, e as da R.J. Reynolds, 13%. Só nesse dia, os papéis dos fabricantes de cigarro acumularam prejuízo de US$ 14 bilhões.

Os processos movidos por estados que acusavam a indústria de lesar o sistema de saúde adquiriu proporções que nem o mais delirante militante antifumo imaginara. Em 1996, a indústria gastara US$ 600 milhões para defender-se. No meio de 1997, 530 escritórios de advocacia nos EUA e milhares de promotores estavam na disputa. Uma ação coletiva, na qual um dos mais famosos advogados de tribunais americanos representava 10 milhões de fumantes, poderia custar US$ 100 bilhões à indústria, o dobro da receita anual obtida com a venda de cigarros. Os investidores de Wall Street estavam em pânico – e começaram a riscar a indústria de cigarros de suas carteiras de investimentos.

---

[9] Pringle, op. cit., p. 41.

No meio do cerco, uma das fábricas capitulou. Tratava-se da menor das indústrias, a Ligget, que era dona de marcas como o L&M e o Chesterfield, mas que tinha só 2,3% do mercado americano. Em março de 1996, o presidente da Ligget, Bennet LeBow, foi o primeiro dirigente da indústria a ter admitido que fazia campanhas publicitárias para atingir adolescentes. Ele aceitou uma série de medidas para reprimir a venda ao público jovem – como banir a publicidade que estivesse a menos de três quilômetros das escolas e parar de distribuir cigarros de graça em concertos de rock. A empresa concordava também em pagar aos estados de 2% a 7% de sua receita bruta, por um período de 25 anos.

A Ligget não fez isso por bom-mocismo – o grupo que controlava a fábrica estava prestes a ser vendido e, após o acordo, as ações da empresa saltaram de US$ 1,50 para US$ 9,80.

Em 1997, o executivo deu um passo ainda mais inesperado. Reconheceu tudo que a indústria negara durante toda a sua história – que nicotina causa dependência e que fumo provoca câncer.

Sem querer, LeBow antecipara o futuro. Em outubro de 1999, a Philip Morris, a maior companhia de cigarros do mundo, admitiu publicamente que cigarro causa câncer de pulmão e provoca dependência. A confissão foi feita no site da empresa (www.philipmorris.com): "Há um esmagador consenso médico e científico de que cigarro causa câncer de pulmão, ataque do coração, enfizema e outras doenças sérias nos fumantes". O site trazia até conselhos para quem quer deixar de fumar.

Pelo menos nos EUA, a indústria do cigarro chegara a uma nova era. A Philip Morris temia pelo futuro de seus outros negócios, no ramo de comidas (é dona da Kraft Foods, a maior indústria de alimentos do mundo) e de bebidas (controla a cervejaria Miller).

O temor era que a fama de desonesta contagiasse os outros negócios.

No Brasil e no resto do mundo, onde suas subsidiárias estão sendo processadas por não terem alertado sobre os males do produto que fabrica, a Philip Morris continuou a repetir nos tribunais e na imprensa, até 1999, que cigarro não vicia nem causa câncer. Seria tudo questão de predisposição genética. Em 2000, ao perceber que a estratégia não surtia mais efeito, a filial brasileira da companhia adotou um argumento diametralmente oposto ao que usara: passou a dizer que todo mundo sabia, desde o século 19, dos males do fumo.[10] Um dos documentos usados no Brasil é uma tese defendida em 1869 na Faculdade de Medicina do Rio de Janeiro sobre a "ação dos vapores do fumo" na boca. Francisco Furquim Wernek de Almeida, o autor do trabalho, cita vários autores franceses e britânicos e afirma que, em certas condições, o fumo produz tumores na boca. A conclusão de Wernek de Almeida é um dos primeiros libelos acadêmicos contra o cigarro escritos no Brasil: "[…] o uso do tabaco não satisfaz necessidade natural alguma, […] é um habito em geral inutil, e muitas vezes prejudicial, o que está perfeitamente de accordo com as propriedades altamente toxicas da planta".

---

[10] A estratégia aparece nos textos dos advogados da Philip Morris, enviados ao Tribunal de Justiça em São Paulo e ao Supremo Tribunal de Justiça em Brasília, em resposta à ação movida pela Associação em Defesa da Saúde do Fumante (Adesf).

3. DUAS GUERRAS DESTRUÍRAM AS BARREIRAS

Cruzadas contra o fumo, como a que satanizou o cigarro no final do século 20, são cíclicas na história – ocorrem desde o século 16. Uma das mais espetaculares aconteceu entre o final do século 19 e o início da Primeira Guerra Mundial, em 1914. Foi espetacular porque, após essa cruzada, o cigarro conquistou o mundo numa velocidade que só se tornaria corriqueira com o marketing e a tecnologia que dominaram após a Segunda Guerra. O cigarro antecipou esse mundo novo.

O alvo dessa cruzada era um produto que acabara de desembarcar no mercado: o cigarro produzido em escala industrial. Ninguém sabe ao certo quando os cigarros foram criados, mas o jesuíta espanhol Juan Eusebio Nieremberg y Ottin (1595-1658) relata no livro *Historia Naturae*, editado em 1635, que o tabaco enrolado em papel era consumido nas colônias espanholas da América. O frade francês André Thevet (1502-90), capelão da primeira expedição francesa ao Brasil, em 1556, descreve, no livro *Singularidades da França Antártida, Que Outros Chamam América* (1557), que os índios tupinambás enrolavam fumo seco em palha de milho e chamavam a isso de "petum". Giacomo Casanova (1725-98) conta em suas memórias ter visto um estalajadeiro em Madri fumar um *cigarrito* de tabaco brasileiro. O pintor Goya (1746-1828) tem dois quadros em que aparecem cigarros.

Em 1825, cigarros já eram com certeza consumidos na Espanha, onde teriam sido introduzidos por brasileiros, segundo o francês Ned Rival, um dos maiores especialistas na história do fumo.[11] Enrolados a mão, eram feitos com restos de charuto na maioria dos casos.

O que mudou a história do fumo foi o uso do papel para enrolá-lo e a sua produção em massa. "Toda a originalidade do cigarro está no papel", define Rival. Em contraste com o charuto e o cachimbo, o cigarro é mais portátil, tem odor menos definido e, principalmente, não exige dedicação exclusiva – pode ser consumido no mesmo ritmo vertiginoso que as máquinas imprimiram ao século 20.

A invenção da máquina de enrolar cigarro iniciou a revolução. James Albert Bonsack, filho de um fazendeiro do Tennessee, começou a pesquisar uma geringonça de tubos e facas na adolescência. Em 1880, aos 21 anos, conseguiu patentear o equipamento. A máquina de Bonsack era mais rápida que o pistoleiro Billy the Kid – cuspia entre 200 e 212 cigarros por minuto. Para atingir a mesma produção, seria preciso de 40 a 50 homens. Como raramente o equipamento

---

[11] Richard Klein, *Cigarros São Sublimes – uma História Cultural de Estilo e Fumaça*. Rio de Janeiro: Rocco, 1997.

era usado em velocidade máxima, ele produzia em média 70 mil cigarros numa jornada diária de dez horas.

Um fabricante de cigarros que tocava sua produção manualmente resolveu experimentar a máquina. Chamava-se James Buchanan Duke (1856-1925) e se tornaria o patrono da Duke University. Ele conseguiu fazer a máquina funcionar a pleno vapor em abril de 1884. Produziu 120 mil cigarros. Com a máquina, Duke percebeu que podia chacoalhar um mercado que se dividia entre marcas importadas refinadíssimas, vindas de Cuba ou do Egito, e cigarros quebra-peito vendidos a trabalhadores. Faria cigarros com melhor acabamento que os quebra-peito enrolados a mão e poderia baixar o preço de sua marca, o Duke of Durham, pela metade – de US$ 0,10 para US$ 0,05 por um maço de dez cigarros. No fim das contas, o empresário notou que o lucro atingira quase 100%.

O começo foi difícil. Em 1880, ano em que patentearam a máquina de fazer cigarro, o mercado era dominado pelo fumo de mascar. Cerca de 58% de todo o tabaco era consumido dessa forma. Cachimbo e charuto detinham uma fatia idêntica – 19% cada um. O rapé ficava com 3%, e o cigarro, com mísero 1%. Vinte anos depois, a situação não seria muito diferente – os cigarros respondiam por menos de 2% de todo o tabaco vendido.

O maior aliado do cigarro na conquista do mundo foram as duas guerras mundiais. Só depois delas é que ele se tornaria hegemônico. A maior batalha ocorreu antes da Primeira Guerra Mundial.

A produção em massa de cigarro enfrentou uma resistência só comparável à que levaria à proibição da venda de bebidas alcoólicas nos EUA nos anos 20. Entre 1890 e 1930, 15 estados aprovaram leis que baniam ou restringiam a venda de cigarros. Outros 22 estados discutiram medidas desse tipo. Em 1917, quando os

EUA decidiram enviar tropas para a Primeira Guerra, a venda de cigarros era proibida em oito estados.

As discussões baseavam-se sobretudo na moral religiosa. George Task, fundador da Liga Antitabaco no século 19, chamava o cigarro de "pequeno diabo branco" e o tabaco de "planta do demônio". As gírias que serviam para designar cigarro tinham sempre um viés moralista: "prego no caixão", "palito de dente do diabo" e "palito entorpecente" eram algumas delas. Dois empresários que se tornariam símbolos do capitalismo americano tinham ojeriza a cigarro: Thomas Edison (1847-1931), inventor da lâmpada elétrica, e Henry Ford (1863-1947), criador da linha de montagem que revolucionou a indústria automobilística. Ford chegou a escrever uma obra em quatro volumes contra o cigarro, chamada *The Case Against the Little White Slaver* (Argumento Contra o Pequeno Tirano Branco), publicada entre 1914 e 1916. O livro era um amontoado de depoimentos de empresários contra funcionários que fumam, de histórias em que fumantes acabam mal e de testemunhos em que atletas e celebridades falavam das vantagens de viver imaculado pelo tabaco. Ford não empregava fumantes.

O médico John Harvey Kellog, criador de um dos maiores ícones americanos, a dieta matinal composta de cereais, afirmava que os cigarros provocavam a degeneração da espécie. Kellog escreveu que o fumo podia tornar a mulher "assexuada", porque causava a "degeneração prematura das glândulas sexuais". Ele citava até um suposto exemplo: os bigodes das mulheres francesas eram conseqüência do uso de cigarro entre elas.[12] Os eugenistas, defensores da idéia de que ne-

---

[12] Cassandra Tate, *Cigarette Wars – the Triumph of "the Little White Slaver"*. Oxford: Oxford University Press, 1999.

gros, latinos e eslavos eram espécies inferiores, chamavam o fumo de "veneno da raça".

O próprio fundador da indústria, James Buchanan Duke, nunca fumou cigarro – quando jovem, preferia mascar fumo –, nem permitia que as mulheres de sua família fumassem.

Nos EUA, pelo menos três vetores moviam a cruzada contra o fumo no início do século 20: o fundamentalismo religioso dos mórmons, batistas e metodistas; a busca da eficiência, para a qual o cigarro seria um entrave; e a defesa de certo tipo de reforma social. A Liga Anticigarro era uma das entidades que empunhavam a bandeira das reformas sociais. Atacava o cigarro, o álcool e a prostituição, considerados símbolos de degradação social, mas defendia a democratização do sistema político, a restrição aos monopólios, a conservação da natureza, os direitos dos consumidores e as melhorias no sistema de saúde – nada muito diferente do que os ecologistas viriam a defender a partir dos anos 60 e 70.

"Até a Primeira Guerra Mundial, o cigarro estava em grande parte confinado às camadas marginais da sociedade americana", relata a historiadora Cassandra Tate, que estudou essa cruzada contra o fumo.[13] Aquelas margens seriam formadas de imigrantes (sobretudo os oriundos do Mediterrâneo, fumantes contumazes), trabalhadores braçais, mulheres que se vendiam no mercado sexual e vanguardistas de ambos os sexos.

Tudo isso sofreria uma reviravolta com a Primeira Guerra. A ascensão meteórica do fumo nesse período pode ser representada por alguns percentuais:

---

[13] Tate, op. cit., p. 6.

em 1900, o cigarro não passava de 2% do mercado de fumo; em 1930, já atingiria os 30%. A tradução dos percentuais em números é ainda mais chocante. Em 1900, o consumo anual era de cerca de 2 bilhões de cigarros; em 1930, chegaria a 200 bilhões – um crescimento de 10.000%.

Como se fosse um raio laser de desenho animado, a Primeira Guerra dissolveria todas as oposições ao cigarro. Entidades que combatiam o fumo, como a Associação Cristã de Moços e o Exército de Salvação, receberam uma tarefa patética para suas crenças: distribuir cigarros aos soldados americanos. A ACM executava essa tarefa nas 1.507 cantinas militares sob sua administração na França.

A necessidade de tabaco na guerra de trincheiras está sintetizada numa frase do general John J. Pershing, comandante da Força Expedicionária Americana na Europa: "Vocês me perguntam do que precisamos para vencer a guerra. Eu respondo: precisamos de fumo tanto quanto de balas".

O cigarro parecia ser o sonho de todo general: ele distrai, acalma, seda e energiza. O general francês Lasalle (1775-1809), um dos homens fortes de Napoleão, já sabia disso: "Um hussardo deve fumar; o cavalariano que não fuma é mau soldado".

De nada adiantavam as pregações de antitabagistas como o dr. Kellog, para quem "mais soldados americanos serão prejudicados pelo cigarro do que pelas balas alemãs". A América dera uma guinada. Em 1917, os fogos do 4 de Julho, dia da independência dos EUA, foram suspensos: o dinheiro que seria gasto foi doado a um fundo para compra de cigarros para os soldados. Cerca de 440 jornais e cem revistas levantavam dinheiro destinado ao Fundo de Tabaco Para Nossos Rapazes na França.

Com a Primeira Guerra, o cigarro sofreu uma conversão – o "pequeno diabo branco" transformou-se em símbolo de civismo, de democracia e, sobretudo, de heroísmo, imagem plasmada no soldado que triunfara na Europa. O efeito foi imediato. Entre 1918 e 1928, as vendas de cigarro quadruplicaram nos EUA. O cigarro deixara o gueto dos vanguardistas, dos trabalhadores e dos imigrantes e transformara-se em produto de massa.

Não era a primeira vez que uma guerra se tornava garota-propaganda de cigarros. A Guerra da Criméia, entre 1854 e 1856, já exercera papel similar na Europa. Após os combates, os soldados franceses e britânicos voltaram para seus países com um hábito que haviam aprendido com os turcos (seus aliados) ou com os russos (seus inimigos): cigarros enrolados a mão.

A principal diferença foi que a Primeira Guerra contou com outros três aliados para propagar o cigarro nos EUA: a urbanização acelerada, a criação do mercado de massa e a expansão do mercado de trabalho. Foram essas mudanças que criaram as condições para o aumento do consumo de cigarro. Segundo Cassandra Tate, "a guerra em si foi muito mais importante do que a publicidade ou outros fatores para promover o cigarro e minar as campanhas contra ele".

A Segunda Guerra e o cinema de Hollywood deram o passo seguinte: transformaram o cigarro em produto mundial. Fumar se tornou glamouroso, *sexy*, símbolo de uma modernidade que só a América vitoriosa conseguia emanar.

O fenômeno das guerras minando as barreiras contra o cigarro ou propagando seu consumo acabou por ocasião do conflito entre os EUA e o Vietnã, nos anos 60. Pela primeira vez, o fumo deixara de ser uma espécie de escudo contra os horrores da guerra.

A contracultura e a crescente crítica ao cigarro e ao horror cada vez mais tecnológico colocaram um novo tipo de droga nos combates: a maconha. Já não bastava combater a ansiedade; era preciso *viajar*.

"Até mais ou menos 1970, um cigarro era apenas um cigarro", diz o professor de literatura Richard Klein, autor do livro *Cigarros São Sublimes*.[14] O uso da maconha na guerra parece ter posto fim à era da inocência do cigarro.

Soldados britânicos fumam em posto de atendimento médico em Hamel, na França, em 1916: a Primeira Guerra dissolveu as barreiras que existiam contra o cigarro

---

[14] Op. cit., p. 201.

4. O *STRIPTEASE* CIENTÍFICO

O cigarro começou a deixar de ser apenas cigarro em 1964. A mola propulsora da metamorfose foi um relatório de 387 páginas do Ministério da Saúde dos EUA, considerado hoje um marco histórico na saúde pública. Pela primeira vez, um documento oficial americano reconhecia o que os cientistas estavam cansados de saber – que cigarro causa câncer de pulmão. A frase-síntese do relatório dizia: "Fumar tem relação de causa e efeito com o câncer de pulmão nos homens; a magnitude do efeito do cigarro prevalece sobre todos os outros fatores. Os dados para as mulheres, apesar de serem menos amplos, apontam na mesma direção".[15]

Todos os jornais americanos divulgaram com estardalhaço a informação. Mas talvez a manchete que melhor traduziu o espírito do documento tenha sido

---

[15] Pringle, op. cit., p. 135.

a do *New York Herald Tribune*: "É Oficial – Fumar Cigarro Pode Matar Você".

Não era a primeira vez que um órgão de saúde estabelecia uma relação dessa natureza entre cigarro e câncer de pulmão. Em 1962, o Royal College of Physicians, entidade médica inglesa fundada há mais de 400 anos, divulgara um documento que concluía ser o cigarro a principal causa de câncer de pulmão. As propostas dos médicos britânicos para enfrentar o problema acabaram se tornando uma espécie de receituário básico: eles defendiam limites rígidos para a publicidade de cigarro, restrições ao fumo em lugares públicos, a substituição do cigarro pelo cachimbo ou charuto, uma política para desencorajar adolescentes a fumar e, finalmente, o aumento de impostos sobre o tabaco. Sugeriam ainda que os níveis de nicotina e alcatrão fossem estampados nos maços.

A principal diferença entre o relatório americano e seu congênere britânico era a magnitude. Em sigilo absoluto (similar ao que cercou a construção da bomba atômica no Projeto Manhattan, segundo a definição de um dos participantes), um grupo do Ministério da Saúde dos EUA examinou 30 mil textos científicos sobre fumo e, sob o critério da absoluta segurança científica, selecionou 7 mil, que serviram de base para as conclusões.[16] Só no capítulo sobre câncer, foram examinados 396 artigos científicos. Até a divulgação dos resultados seguiu um plano estratégico. O documento foi apresentado no dia 11 de janeiro de 1964, um sábado, para minimizar os efeitos sobre a Bolsa de Valores e pegar carona nos jornais de domingo, sempre com tiragens maiores que nos dias úteis. Cerca de

---

[16] Kluger, op. cit., p. 258.

200 jornalistas abarrotavam o auditório do Departamento de Estado, em Washington.

A indústria respondeu ao relatório com o argumento de que nenhuma substância cancerígena fora encontrada no cigarro em quantidade suficiente para ser responsável pelo câncer de pulmão. Recorreu à palavra mágica que usava para desqualificar cientistas: a questão ainda era "controversa". Os próprios consumidores não ligaram muito para as conclusões do documento. O consumo de cigarro em 1964 caiu meros 2%. Os pais pareciam estar mais preocupados com outro fenômeno que começava a avançar entre os jovens americanos – o uso de maconha.

O relatório de 1964 tornou-se um marco porque, além de ter oficializado a relação entre cigarro e câncer, levou o Estado a adotar uma política de combate ao fumo, a qual se disseminaria pelo mundo.

Até 1964, a propaganda de cigarros era uma espécie de vale-tudo. Era corriqueiro médicos anunciarem que certas marcas se mostravam menos malignas que outras. Os *slogans* soam risíveis hoje: "Mais médicos fumam Camel do que qualquer outra marca"; "Para uma boa digestão, fume Camel"; ou "O cigarro testado para a garganta", como propagava a Philip Morris. Em 1952, a Ligget dizia que sua principal marca não fazia mal à saúde: "Jogue limpo – fume Chesterfield". Em letras menores, a companhia anunciava: "Nariz, garganta e outros órgãos acessórios não são afetados desfavoravelmente pelos que fumam Chesterfield".

O impacto do relatório de 1964, principalmente no meio científico e no próprio governo, acabaria com essa terra de ninguém que era a publicidade. A primeira medida adotada foram os rótulos de advertência, que começaram a ser impressos nos maços logo no ano seguinte. A proposta inicial era que a advertência aparecesse tanto nos maços quanto nas peças publicitárias – afinal, não adianta alertar depois que a compra foi feita. A indústria do cigarro, que dominava boa parte das comissões do Congresso americano nos anos 60, conseguiu barrar a advertência na publicidade. O texto escolhido para os maços era pouco incisivo: "Advertência. Fumar cigarro pode ser prejudicial à saúde".

Ainda em 1965, seria editado o Código de Publicidade do Cigarro, que, numa mescla de moralismo puritano e preocupação com a saúde pública, proibiu anúncios que alimentassem as fantasias sexuais, trouxessem testemunhos de atletas ou tivessem alguma conotação terapêutica. Quem desrespeitasse as regras pagaria multa de US$ 100 mil.

O principal objetivo do código, criado pela própria indústria, era rebater as acusações de que a publicidade visava os adolescentes. Para mostrar que a acusação era vazia, os fabricantes proibiram publicidade em jornais de escola, histórias em quadrinhos e programas de rádio e TV voltados para os menores de 21 anos. A medida logo se revelaria inócua: a indústria de cigarro nunca deixou de anunciar nos programas de beisebol e futebol americano pela TV, nas páginas de esportes dos jornais diários e em revistas de fofoca e de moda. Um dos anúncios onipresentes mostrava um caubói, quase sempre solitário, cavalgando em planícies sem fim, numa espécie de bucolismo americano. Era o homem de Marlboro, a antítese do homem urbano, neurótico e apressado. A personagem individualista, de ar estóico e com saúde de aço, fora criado em 1961, mas em 1964 seria acompanhado do *slogan* que é usado até hoje: "Venha para onde está o sabor. Venha para o mundo de Marlboro".

O governo americano tentou uma nova estratégia para barrar a avalanche publicitária dos fabricantes de cigarro. A Federal Communications Commission (FCC, agência que regula o setor de comunicações nos EUA) desenterrou uma lei pouco aplicada, segundo a qual o consumidor tem o direito de conhecer os dois lados de todo produto controverso cuja propaganda é veiculada na TV.

A partir de 1969, as campanhas de cigarros começaram a conviver com suas antípodas – contrapropagandas que diziam tudo que a indústria omitira. Um dos comerciais de maior sucesso já era uma paródia do homem de Marlboro. Mostrava um *saloon* cheio de vilões fumando, todos com a barba por fazer. No bar, estão os não-fumantes. De repente, um homem da cidade vestido como um caubói imundo irrompe pela porta e diz aos não-fumantes: "Nós sabíamos [tossindo] que vocês [tossindo] iam estar aqui". Só que os vilões não têm sequer tempo de sacar as armas: começam a tossir incontrolavelmente e são dominados pelos não-fumantes. A imagem some e aparece uma palavra ("câncer"), enquanto um locutor diz: "Cigarros – eles são matadores".

A indústria esperneou contra os rótulos de advertência e contra os comerciais, mas já não tinha força para tocar o negócio como bem entendesse. Teria de conviver cada vez mais com restrições, vetos e proibições.

A mais dura dessas medidas tinha como alvo a publicidade. A partir de 1º de janeiro de 1971, todos os comerciais de cigarro foram banidos da TV americana (o Brasil só adotaria essa medida 30 anos depois). De cada US$ 5 gastos em propaganda de cigarros, US$ 4 iam para a televisão. Foi o fim da idade do ouro do cigarro.

O banimento da publicidade televisiva mostrava que o consumidor mudara desde o relatório-bomba de 1964. Uma pesquisa do Gallup em 1968 revelou que 71% dos americanos acreditavam que cigarro causava câncer; dez anos antes, só 44% faziam essa ligação. O número de fumantes também estava em queda. Um levantamento feito com americanos maiores de 21 anos constatou que a parcela de fumantes caíra de 47% em 1965 para 42% em 1969. O consumo *per capita* também diminuía – 210 maços por ano em 1967, 205 em 1968 e pouco menos de 200 em 1969.

Todo ano, 4 milhões de fumantes diziam estar abandonando o vício, segundo pesquisa da American Cancer Society, que colocara no ar uma campanha estrelada pelo ator Tony Curtis. Começaram a pipocar pelo país clínicas e programas para parar de fumar.

O Ministério da Saúde dos EUA aproveitou o impacto do relatório de 1964 e decidiu transformá-lo numa das peças-chaves de sua política de combate ao fumo. Logo nos anos seguintes, o documento se tornaria uma referência em saúde pública, por sintetizar as principais descobertas científicas.

Em 1967, valendo-se do acúmulo de pesquisas, a ênfase do relatório foi nas doenças do coração, que matavam um em cada três americanos. A ação do cigarro, como dizia o documento, parece ter sido projetada para testar os limites físicos do coração: a nicotina aumenta a demanda de oxigênio, enquanto o gás carbônico reduz justamente o fluxo de oxigênio.

Quatro anos depois, o principal destaque seria o impacto do cigarro sobre as grávidas. O fumo retarda o crescimento do feto e aumenta as chances de a criança nascer prematura. Em 1979, o risco foi traduzido em números: as fumantes têm 40% mais de probabilidade de dar à luz um bebê prematuro que as não-fumantes. Pior ainda: a probabilidade de a criança morrer após o parto é 30% maior no caso das mães que fumam.

O relatório de 1971 revelou também que cigarros com filtro – um dispositivo usado comercialmente pela primeira vez em 1931, na versão *premium* do Parliament – aumentavam a quantidade de gás carbônico absorvida pelo organismo. Um dos motivos apontados era o papel usado nos cigarros com filtro, menos poroso que nos sem filtro.

Uma das conseqüências do cigarro que a indústria coloca no escaninho dos assuntos controversos – a do fumo passivo – começou a circular fora do círculo dos especialistas em 1972. Pela primeira vez, um organismo oficial (ainda o Ministério da Saúde dos EUA) atribuía à fumaça do cigarro dispersa no ambiente a capacidade de matar. O fumo passivo seria responsável por 15% das mortes provocadas por câncer de pulmão – exatamente o mesmo percentual de não-fumantes que morriam por causa desse tipo de tumor. Um ano antes do relatório, uma lei federal dos EUA reservava 10% dos assentos traseiros dos ônibus para os fumantes. Essa situação, que muitos fumantes consideraram discriminatória, só iria piorar, a ponto de hoje o cigarro ser banido mesmo em ruas de muitas cidades americanas. O primeiro movimento para banir os cigarros dos espaços públicos ocorreu no estado do Arizona, em 1973. Desde então, é proibido fumar em bibliotecas, elevadores, teatros, museus, salas de concerto, ônibus e trens.

Um dos estudos de maior impacto a respeito do fumo passivo foi feito no Japão, por um pesquisador do Centro Nacional do Câncer, em Tóquio. Durante 14 anos, Takeshi Hirayama acompanhou a saúde de 92 mil viúvas de fumantes e não-fumantes.[17] O resultado foi publicado em 1981: viúvas de fumantes que con-

---

[17] T. Hirayama, "Non-Smoking Wives of Heavy Smokers Have a Higher Risk of Lung Cancer: a Study from Japan". *British Medical Journal*, 1981, v. 1; p. 183.

sumiam mais de 14 cigarros por dia tinham risco 40% maior de desenvolver câncer no pulmão. Em 1984, um bioestatístico americano chegou a resultados similares. Ao analisar a saúde de viúvas de fumantes que consumiam um maço por dia, descobriu que o risco de elas terem câncer de pulmão era 27% maior que nas viúvas que tinham sido casadas com não-fumantes. Um percentual similar foi detectado em mulheres não-fumantes que trabalhavam com fumantes.

Como aconteceu com o câncer de pulmão, a indústria rebatia com o argumento de que os dados eram contraditórios, de que havia mais de uma causa e de que o fumo passivo podia fazer tanto mal quanto consumir tomates com agrotóxico, como comparou um executivo da indústria.

Para tentar encerrar a controvérsia, o Ministério da Saúde dos EUA dedicou o relatório de 1986 exclusivamente ao fumo passivo. A conclusão do documento é taxativa: "Fumo involuntário pode causar câncer de pulmão em não-fumantes".[18]

Uma pesquisa mais recente, publicada em 1997 no *British Medical Journal*, colocou uma lupa sobre os casos de pessoas que não fumam e têm doenças coronarianas.[19] Três pesquisadores britânicos do Wolfson Institute of Preventive Medicine analisaram 6.600 casos de pacientes com doenças coronarianas e 4.600 com câncer de pulmão. Segundo a pesquisa, os não-fumantes têm 30% mais probabilidade de desenvolver doenças coronarianas quando convivem com fumantes no

---

[18] Uma versão eletrônica do relatório de 1986 pode ser consultada no site dos Centers for Disease Control (www.cdc.gov/tobacco/sgrpage.htm).
[19] M.R. Law, J.K. Morris e N.J. Wald, "Environmental Tobacco Smoke Exposure and Ischaemic Heart Disease: an Evaluation of the Evidence". *British Medical Journal*, October 18, 1997; p. 973-80.

mesmo espaço. "A indústria do cigarro deve parar agora com essa teoria ridícula de que a nicotina só prejudica quem fuma", defende o médico Bill O'Neill, consultor científico do *British Medical Journal*.

Hoje, há mais de 120 mil artigos sobre os efeitos do fumo em quem não fuma, segundo levantamento do pneumologista brasileiro José Rosemberg.[20]

Em 1979, o relatório do Ministério da Saúde dos EUA deslocou a discussão da biologia para a economia e tocou no assunto que dominaria os debates nas duas décadas seguintes: o custo das doenças relacionadas ao fumo para o sistema de saúde.

O valor era espantoso. O cigarro custaria US$ 27 bilhões ao ano para o sistema de saúde americano. Outra estimativa, feita em 1985 pelo Ministério da Saúde dos EUA, chegou a um valor um pouco menor – US$ 22 bilhões ao ano. Mas incluiu as perdas de produtividade no trabalho provocadas pelo fumo – elas somariam US$ 43 bilhões por ano. O custo total para a sociedade seria de US$ 65 bilhões. O cigarro é, junto com o álcool, o produto mais taxado do mundo. Mas, para pagar o prejuízo de US$ 65 bilhões que provocaria anualmente, o maço teria de custar US$ 2,17 – praticamente o dobro do preço médio em 1985.

Um economista de Harvard, Kip Viscusi, tentou inverter a equação. Segundo ele, como os fumantes morrem antes dos não-fumantes, eles custam menos para a sociedade em aposentadoria e cuidados médicos. Na conta de Viscusi, o custo social de um maço de cigarro seria de US$ 1,37 (gastos com médicos,

---

[20] J. Rosemberg, *Temas Sobre Tabagismo*. São Paulo: Secretaria da Saúde do Estado de São Paulo, 1998; p. 34.

seguro de vida, incêndios), relativos ao fumo passivo. Já os benefícios, entre os quais ele incluiu impostos e economias com gastos médicos e aposentadoria, seriam superiores: US$ 1,95.[21]

A indústria adotou logo o discurso de Viscusi, mas foi a única a levá-lo a sério. A conta virou motivo de deboche. Uma das piadas que circulavam dizia que, se o fumo traz economias para o Estado, então deveria ser subsidiado. A própria indústria sabia que a conta era equivocada – tanto que aceitou pagar aos estados uma indenização de US$ 246 bilhões.

Dois outros mitos propagados pela indústria seriam derrubados por pesquisadores nas duas últimas décadas: a noção de que o cigarro é um vício "leve" e a fama de que o fumo combate a ansiedade.

Em 1988, o relatório anual sobre fumo e saúde do governo americano comparou a dependência de tabaco à de cocaína e heroína: "[...] os processos farmacológicos e comportamentais que determinam a dependência do tabaco são similares àqueles que determinam a dependência de drogas como a heroína e a cocaína", dizia o documento.

Foi um psicólogo da Columbia University, de Nova York, quem afirmou ter comprovado a hipótese de que o cigarro, em vez de acalmar, como crê o senso comum, aumenta a ansiedade. Jeffrey G. Johnson concluiu, em artigo publicado no *Journal of the American Medical Association* em novembro de 2000, que adolescentes que fumam pelo menos 20 cigarros por dia têm 12 vezes mais probabilidade de sofrer ataques de pânico e cinco vezes mais propensão a ter ansiedade e agorafobia (medo de espaços públicos). Outro artigo,

---

[21] Pringle, op. cit., p. 221-2.

veiculado no *Journal of Pediatrics* um mês antes, dizia que adolescentes fumantes têm quatro vezes mais probabilidade de ter depressão que os não-fumantes da mesma faixa etária.

Não existe um consenso sobre as razões que levariam o cigarro a elevar a ansiedade. Há pelo menos duas hipóteses: o aumento da ansiedade pode ser causado ou pelos efeitos da nicotina no cérebro, ou pela redução de oxigênio.

5. POR QUE O CIGARRO CONQUISTOU O MUNDO

O cigarro provoca 26 enfermidades fatais (11 tipos de câncer, seis doenças cardiovasculares, cinco respiratórias e quatro pediátricas), encurta em cinco anos a vida de quem consome 15 cigarros por dia e causa uma dependência tão grave quanto a da heroína. Por que, então, um quinto do planeta fuma?

A resposta mais freqüente atribui o vício à propaganda maciça. É claro que a publicidade ajudou o fumo a alastrar-se pelo mundo, e a indústria do cigarro é das que mais investem em propaganda. Mas acreditar que o fumante é um autômato movido a impulsos externos de desejo seria subestimar em demasia a inteligência humana.

Exatamente como ocorre com os detratores das drogas, os inimigos do fumo tentam esconder o óbvio – que o cigarro é prazeroso para quem fuma. Desvendar esse prazer é, talvez, o melhor atalho para entender por que o cigarro conquistou o mundo.

A "embriaguez" e o "torpor" provocados pelo fumo foram logo notados pelos primeiros cronistas que tiveram contato com a erva na América: o frei espanhol Bartolomé de las Casas (1474-1566), que ficou na ilha de Hispaniola (hoje República Dominicana e Haiti) entre 1502 e 1547, e o frei francês André Thevet (1502-90), que participou da tentativa frustrada da França de estabelecer uma colônia no Rio de Janeiro entre 1555 e 1565.

Las Casas descreve na *Historia de las Indias*, publicada pela primeira vez em 1825, o uso que índios e espanhóis faziam do fumo:

> São ervas silvestres secas, envolvidas por determinadas folhas também secas, na forma de bombinhas que os meninos fazem por ocasião do Pentecostes. Aceso em uma ponta, é sugado na outra, ou o inalam, ou, com a respiração, recebem em seu interior essa fumaça com que amortecem a carne e quase se embriagam. Desse modo dizem não sentir fadiga. Essas bombinhas, ou como quer que a chamemos, são chamadas por eles de tabacos [*tabacs*]. Conheci espanhóis em Hispaniola que se acostumaram a usá-los e que, depois que os repreendi, dizendo que era um vício, responderam que não conseguiam parar de usá-los. Não sei que sabor ou gosto encontram naquilo.[22]

Thevet não esconde seu espanto com o efeito do tabaco, chamado pelos índios de "petum":

> Depois de colher o petum com todo o cuidado, os selvagens secam as folhas à sombra, dentro de

---

[22] Klein, op. cit., p. 29.

pequenas cabanas. O uso que fazem desta planta é o seguinte: depois de estar seca, envolvem uma certa quantidade dela numa folha de palmeira bem grande. Esta, depois de enrolada, fica do tamanho do círio [vela, geralmente de tamanho grande]. A seguir, acendendo uma das pontas, aspiram a fumaça pelo nariz e pela boca. Dizem os selvagens que esta planta é muito saudável, servindo para distilar e consumir os humores supérfluos do cérebro. Utilizado dessa maneira, o petum faz cessar a fome e a sede durante algum tempo. Por isso, usam-no com freqüência, mormente quando têm algum assunto a discutir. Enquanto um traga a fumaça, o outro fala, e assim vão fazendo sucessivamente enquanto discutem. Mas as mulheres não usam jamais o petum. Na verdade, quando se aspira por muito tempo essa fumaça aromática, sente-se um certo atordoamento ou embriaguez, semelhante à provocada pelos eflúvios de um vinho forte. Os cristãos que vivem hoje em dia nessa terra tornaram-se grandes apreciadores desta erva aromática. No princípio, entretanto, seu uso não é destituído de perigo, pois a fumaça, até que a pessoa se acostume com ela, produz suores e fraquezas, chegando mesmo a provocar síncopes, conforme eu mesmo experimentei.[23]

O fumo provoca síncopes porque é um estimulante leve. Após uma tragada, a nicotina demora de sete a 19 segundos para chegar ao cérebro – normalmente, são nove segundos, tempo-recorde quando

---

[23] André Thevet, *Singularidades da França Antártida, Que Outros Chamam América*. Belo Horizonte/São Paulo: Itatiaia/Edusp, 1978; p. 110.

comparado ao de outras drogas. No cérebro, a nicotina imita a ação de um neurotransmissor chamado acetilcolina, cuja função é fazer a comunicação entre os neurônios. Ao encaixar-se nos receptores de acetilcolina, a nicotina estimula essas células a produzir mais dopamina, um neurotransmissor ligado à sensação de prazer. É por isso que o cigarro é prazeroso.

O aumento dos níveis de dopamina está associado a várias compulsões, por sexo, comida, jogos ou nicotina. Esse neurotransmissor age numa região do cérebro chamada mesolímbica, ligada ao prazer, à motivação e à gratificação. O mecanismo é extremamente complexo, mas seu princípio é simples: todos querem repetir experiências capazes de provocar prazer.

Quem fuma um maço por dia verá esse circuito repetir-se 73 mil vezes por ano, estimando-se que cada cigarro seja consumido em dez tragadas. Que outra droga provoca 73 mil vezes a sensação de prazer num ano? Nenhuma. Por isso o cigarro causa dependência tão profunda – 80% dos que tentam abandoná-lo fracassam na empreitada.

A sensação de prazer é verdadeira, mas a impressão de que o cigarro acalma, relaxa e funciona como estabilizador do humor é tão falsa quanto uma nota de R$ 3. Na verdade, a sensação de relaxamento ocorre porque a nicotina agiu sobre um mecanismo que ela própria criou – o da dependência.

Ao tragar um cigarro, o fumante acalma-se porque estava em crise de abstinência. A nicotina que ele consumira já se dissipou no organismo. Aí, começam os sintomas da falta de nicotina – uma ansiedade que parece saltar pela boca, como se fosse sólida, acompanhada de irritação, nervosismo e incapacidade de concentrar-se. Quando se aspira o cigarro, a crise de abstinência é interrompida, e tem-se a sensação de relaxamento. Estritamente falando, a nicotina não acalma nem estabiliza o humor. Ela só alivia os sintomas provocados por sua própria falta; é a cura para um mal que ela própria criou. É uma platitude, mas quem nunca fumou não tem crise de abstinência.

Fuma-se durante os picos emocionais – seja de excitação, seja de depressão – porque os sintomas desse gênero de crise são muito parecidos com os da ansiedade.

Em 1971, Paul Nesbitt, estudante da Columbia University, anunciou a descoberta de um paradoxo: como é possível que o cigarro relaxe e, ao mesmo tempo, mantenha o fumante mais alerta? Vinte e sete anos depois, o psicólogo inglês Andy Parrot, professor da Universidade de Londres, propôs uma resposta para o suposto paradoxo. Segundo Parrot, a queda no estado de alerta do fumante e o aumento da irritação são conseqüências da abstinência. Na visão do psicólogo inglês, o paradoxo de Nesbitt flagra o fumante em plena crise. A mudança de humor quando se acende um cigarro é temporária. Para Parrot, o fumo não provoca "ganhos reais" no relaxamento e no estado de alerta.[24]

Por que, então, os fumantes dizem sentir-se mais inteligentes quando acendem um cigarro? E por que quem pára de fumar reclama de lentidão no raciocínio, como se tivesse emburrecido subitamente?

Nenhum estudo até hoje conseguiu provar que o tabaco melhore a acuidade mental e a capacidade de concentração, ao contrário do que alegam os fumantes.

O que parece certo é que o fumo ajuda trabalhadores em tarefas que são repetitivas ou que exigem concentração. A nicotina funcionaria como uma es-

---

[24] Kluger, op. cit., p. 419-20; Andy Parrot, "Nesbitt's Paradox Resolved: Stress and Arousal Modulation During Cigarette Smoking". *Addiction*, 1998, 93 (1); p. 27-39.

pécie de gaiola que isola o fumante do meio ambiente, deixando luzes e sons do lado de fora. Essa característica, ainda não explicada cientificamente, já virou folclore em certas profissões, como entre os controladores de tráfego aéreo, por exemplo, quase sempre fumantes inveterados.

O fumo, até onde a ciência conseguiu determinar, traz um único benefício real – ele queima calorias. Por isso, os fumantes são geralmente mais magros. As estimativas variam de menos 3,175 quilos (segundo estudo feito na Temple University) a menos um quilo (num levantamento feito por pesquisadores japoneses e americanos). O fumo emagrece porque a nicotina acelera o metabolismo. Essa aceleração fica claríssima quando se analisa um ex-fumante: em média, ele consome 8% menos oxigênio do que quando fumava, e seu batimento cardíaco diminui 5%.[25]

O cigarro talvez tenha conquistado o mundo não por seus efeitos fisiológicos, mas pelo simbolismo que carrega.

Ele é o mais ocidental dos símbolos da passagem da infância para um mundo mais autônomo. Não é à toa que o consumo de cigarros entre adolescentes cresce mesmo em países onde o uso entre adultos está em queda acelerada, como nos EUA e na Inglaterra, por exemplo.

Para as mulheres, o cigarro funcionou como poderoso aliado para a emancipação. O engraçado é que ele só virou acessório chique para as mulheres graças a

---

[25] "The Health Consequence of Smoking: Nicotine Addiction", no relatório do Ministério da Saúde dos EUA de 1998, p. 414-41. O site www.cdc.gov/tobacco/sgrpage.htm tem uma versão do texto.

um golpe mercadológico. No final dos anos 20, Edward Bernays, um sobrinho de Freud que tinha idéias diabólicas de marketing, constatou que as poucas mulheres que fumavam o faziam em casa, escondidas, como se o cigarro fosse a ante-sala da depravação – e era mais ou menos assim que as fumantes eram vistas. Para quebrar a resistência a fumar em público, Bernays contratou moçoilas magérrimas para desfilar com um cigarro nos dedos. Junto com a imagem, espalhou o boato de que cigarro era dietético. Fez tudo isso como funcionário da American Tobacco. "Troque o doce por um cigarro", recomendava um dos anúncios da empresa à época.

Hollywood se encarregou do resto.

Foi o cinema que difundiu o cigarro como acessório sensual, quase um passaporte para um mundo libidinoso. Uma das imagens mais deliciosas aparece em *Gilda* (1946). Numa das cenas, a curvilínea Rita Hayworth, que fumava na vida real, rebola e traga em ritmo indolente num bar, vestida com um tomara-que-caia, enquanto a fumaça do cigarro ascende em nuvens ralas ao céu. Foi o fetiche de várias gerações, tanto de homens quanto de mulheres.

Humphrey Bogart foi a versão masculina desse fenômeno. A partir de *Casablanca* (1942), todos os homens queriam fumar como a personagem Rick: o filtro é preso, não entre o dedo indicador e o médio, como fazem os fumantes comuns, mas entre o polegar e o indicador, como se os dedos fossem garras de uma ave. O cigarro não ficava no centro dos lábios; era dependurado no canto da boca. Com esses deslocamentos mínimos, Bogart criou uma nova categoria de fumante – o durão, cínico e charmoso, que esgrima com o cigarro como se este fosse um falo para apresentar ao público. Para o mundo simbólico, cigarro já não era só cigarro. O ensaísta americano Richard Klein arrisca uma hipótese para o simbolismo do fumo no filme: "Os cigarros em *Casablanca* podem ser máscaras por trás das quais homens assustados escondem suas dúvidas, covardias, hesitações e impotência. O cigarro esconde o medo por trás de uma pose agressiva, pose que expressa desprezo pelo medo e pela fraqueza dos outros".[26]

(Bogart morreu em 1957, de câncer no esôfago causado pelo fumo. Se fossem reunidas num filme, as vítimas do tabaco em Hollywood formariam um elenco jamais visto: John Huston, Gary Cooper, John Wayne, Robert Mitchum, Vincent Price, Bette Davis, Walt Disney, Steve McQueen, Spencer Tracy, Clark Gable, Boris Karloff, Buster Keaton, Groucho Marx, Lee Marvin, Sammy Davis Jr., Errol Flynn, Yul Brinner, Bob Fosse, Lana Turner e Melina Mercouri. Duke Ellington e Sarah Vaughan, vítimas de câncer do pulmão, poderiam assinar a trilha sonora.)

O simbolismo do cigarro pode parecer matéria de interesse exclusivamente acadêmico, mas ele é, depois da nicotina, o maior alimentador da dependência. O cigarro vira componente dos rituais diários: fuma-se logo depois do café, fuma-se quando se começa a escrever ou quando não se consegue escrever, fuma-se quando nosso time está perdendo ou quando está ganhando...

O filósofo francês Jean-Paul Sartre (1905-80) relata sua história de dependência em *O Ser e o Nada*, num dos mais belos textos sobre o mundo simbólico do cigarro:

---

[26] Klein, op. cit., p. 226.

Há alguns anos, decidi parar de fumar. O início foi duro e, na verdade, eu não me preocupava tanto por perder o gosto do tabaco quanto por perder o sentido do ato de fumar. Produziu-se toda uma cristalização: eu fumava nas casas de espetáculo, ao trabalhar pela manhã, à noite depois do jantar, e parecia-me que, deixando de fumar, eu iria privar o espetáculo de seu interesse, o jantar de seu sabor, o trabalho matinal de seu frescor e vivacidade. Qualquer que fosse o acontecimento inesperado que irrompesse aos meus olhos, parecia-me que, fundamentalmente, ele ficaria empobrecido a partir do momento em que não mais pudesse acolhê-lo fumando. [...] Parecia-me que tal qualidade seria por mim exterminada e que, no meio desse empobrecimento universal, valia um pouco menos a pena viver. Pois bem: fumar é uma reação apropriadora destruidora. O tabaco é um símbolo do ser "apropriado", já que é destruído ao ritmo de minha respiração [...]. Para manter minha decisão de parar, tive de realizar uma espécie de descristalização, ou seja, sem exatamente perceber, reduzi o tabaco a si mesmo: uma erva que queima; suprimi seus vínculos simbólicos com o mundo; convenci-me de que não estaria subtraindo nada do teatro, da paisagem, do livro que estava sendo, se os considerasse sem o meu cachimbo; isto é, finalmente, percebi haver outras maneiras de possuir esses objetos, além dessa cerimônia de sacrifícios.[27]

---

[27] *O Ser e o Nada – Ensaio de Ontologia Fenomenológica*. Tradução de Paulo Perdigão. Rio de Janeiro: Vozes, 1997; p. 728-9.

6. O BRASIL ENTRA NA BRIGA

Um político obcecado com a idéia de autopromoção tirou o debate sobre os males do fumo dos congressos médicos e dos tribunais e levou-o para a televisão. José Serra, o tal político, foi o primeiro ministro da Saúde do país a ter adotado uma política contra o fumo e tê-la incluído entre as prioridades de sua gestão.

Serra seguiu o mesmo modelo criado pelos americanos: adotou uma estratégia de choque contra o fumo. Duas peças de contrapropaganda, veiculadas no ano 2000, expressavam essa política. As duas tinham como alvo o público jovem, sobretudo, e mostravam os estragos do cigarro após anos de vício. "Sabe aquele *cowboy* da propaganda de cigarro?", perguntava uma das peças do Ministério da Saúde. "Morreu de câncer." Duas imagens acompanhavam a pergunta e a resposta. A primeira mostrava o caubói a cavalo; a segunda, seu túmulo. A história era verídica. O ator Wayne McLaren, um dos intérpretes do "homem de

Marlboro", morreu de câncer no pulmão em 1992. Tinha 51 anos.

A outra peça publicitária adquiriu conotação ainda mais trágica: o protagonista morreu ao fim da campanha. Ela mostrava o jornalista José Carlos Gomes, que, fumante desde 1936, consumia quatro maços por dia no ápice do vício. Gomes era uma espécie de catálogo das piores desgraças que o fumo pode causar. Em 1993, teve vasculite, um problema de irrigação sanguínea agravado em conseqüência do fumo, e foi obrigado a amputar a perna direita. No ano seguinte, perdeu a perna esquerda. Em 1997, um derrame paralisou suas mãos. Gomes processou a Souza Cruz, e uma das peças da disputa judicial é um laudo médico, segundo o qual todos os problemas do jornalista decorriam do consumo de fumo. Ele morreu no final do ano 2000.

O segundo movimento do Ministério da Saúde foi de ataque à publicidade. Serra conseguiu que o Congresso aprovasse uma lei, que passou a valer a partir de 27 de dezembro de 2000, a qual bane a publicidade de cigarro da TV, rádio, revistas, jornais, Internet e estádios de futebol. A partir de 2001, a propaganda só está liberada em postos de venda de cigarros, por meio de pôster ou painel. A lei proibiu o fumo em aviões e ônibus e vetou a venda de cigarros em escolas e hospitais. Como a indústria pintou um cenário apocalíptico, foi estendido até 2003 o patrocínio a eventos culturais (como o Free Jazz Festival) ou esportivos (Grande Prêmio Brasil de Fórmula 1, por exemplo).

Só para comparar: os EUA baniram a publicidade de cigarro na TV em 1971. O atraso de 30 anos parece ser o padrão nessa área: o Brasil adotou em 1996 as frases de advertência nos maços e nas peças publicitárias, três décadas depois dos EUA.

O impacto da publicidade na venda de cigarro é assunto controverso. Não se sabe ao certo qual é o poder dos comerciais de aumentar e sustentar o consumo. Não há dúvidas, porém, sobre a capacidade da propaganda de aliciar adolescentes. Mesmo com essa incógnita, o Ministério da Saúde faz uma projeção otimista – prevê uma redução de 40% no consumo até 2004. Seria uma façanha mundial. Nenhum país conseguiu uma queda desse porte em quatro anos.

A partir de fevereiro de 2002, o veto à propaganda ganha um reforço: a contrapropaganda invade o bolso e o cotidiano do fumante. A exemplo do Canadá, o Ministério da Saúde brasileiro obriga os fabricantes a imprimir imagens de alerta no verso do maço de cigarro. São oito fotos propositalmente desagradáveis ocupando toda a área do verso. O argumento do governo é que a advertência escrita na lateral do maço era pouco contundente e desproporcional aos males do fumo.

Serra, ao ter jogado na televisão uma campanha de choque contra o cigarro, acabou por escancarar um movimento que, sem muito alarde, colocara os fabricantes de cigarro na incômoda situação de réus. Esse movimento nasceu com uma organização não-governamental fundada em 1995, a Associação em Defesa da Saúde do Fumante (Adesf). Criada por um músico e ecologista (Mário Albanese) e por um advogado do interior de São Paulo (Luiz Carlos Mônaco), a Adesf surgiu como uma espécie de braço político de um dos maiores especialistas brasileiros em fumo, o pneumologista José Rosemberg. Professor aposentado do curso de medicina da Pontifícia Universidade Católica de Sorocaba (SP), Rosemberg introduziu a discussão sobre o tema nos meios científicos brasileiros ainda nos anos 60.

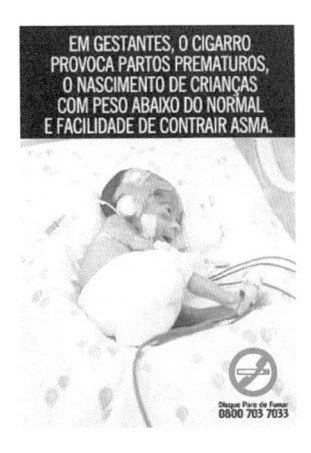

Exemplos de imagens no verso dos maços de cigarro no Brasil a partir de fevereiro de 2002

A Adesf começou logo com uma ação espetacular: em julho de 1995, entra na Justiça com um processo no qual reivindica que a Souza Cruz e a Philip Morris paguem a todos os fumantes e ex-fumantes do estado de São Paulo a quantia de R$ 1.500 por ano em que fumaram. Esse tipo de processo é chamado no jargão jurídico de ação cível coletiva. A principal acusação da Adesf é que os fabricantes de cigarro fazem propaganda enganosa e abusiva. O valor da indenização pode chegar à casa dos bilhões.

Pode parecer maluquice uma associação que nasceu no apartamento de um músico em São Paulo tentar derrotar a Souza Cruz e a Philip Morris. Vale aí o clichê de que é uma luta entre Davi e Golias.

Entretanto, as vitórias da Adesf até agora contrariam a previsão, difundida pela indústria, de que era uma empreitada condenada ao fracasso. O mérito do processo ainda não foi julgado, mas a entidade obteve 20 decisões favoráveis em embates travados no Tribunal de Justiça de São Paulo e no Superior Tribunal de Justiça, em Brasília.

Na principal vitória, o Superior Tribunal de Justiça decidiu que a Souza Cruz e a Philip Morris terão de provar que cigarro não vicia e que nicotina não causa dependência. A Adesf usou uma figura jurídica criada pelo Código de Defesa do Consumidor, a inversão do ônus da prova, prevista sempre que há desequilíbrio flagrante entre as duas partes. Como a Souza Cruz e Philip Morris são milhões de vezes maiores que a Adesf, elas terão de provar o improvável, se a questão for analisada com os documentos secretos que a indústria foi obrigada a revelar nos EUA.[28]

---

[28] Site da Adesf: www.adesf.com.br

Foi uma ação coletiva similar à da Adesf que precipitou o acordo de US$ 246 bilhões nos EUA – a indústria só aceitou pagar a indenização porque sabia que era uma causa perdida.

Acompanhando um movimento que se estende do Japão à França, da Guatemala à Noruega, fumantes brasileiros também entraram com ações individuais contra os dois fabricantes que dividem o mercado brasileiro – a Souza Cruz e a Philip Morris. Só com o apoio da Adesf, já foram abertos 250 processos contra os fabricantes de cigarro no Brasil. Todos alegam que não foram alertados para os riscos do fumo. A indústria argumenta que esses riscos são conhecidos desde os anos 70. Ao contrário do que ocorre nos EUA, as filiais brasileiras insistem em que tabaco não causa dependência, que fumar é uma "escolha individual" e que os riscos do fumo não são ignorados.

Políticos brasileiros ainda não descobriram o potencial propagandístico das ações individuais. Nos EUA, um dos candidatos à Presidência em 2000, Ralph Nader, do Partido Verde, construiu sua carreira sobre um esteio: a defesa do consumidor, sobretudo do consumidor fumante. Nader deu apoio político e financeiro a muitos processos nos EUA.

Aqui, o oportunismo político restringe-se às políticas públicas. Foi para criar barulho na mídia, por exemplo, que Paulo Maluf proibiu o fumo nos restaurantes de São Paulo em 1995, quando era prefeito da cidade. A medida foi contestada por donos de restaurantes, que conseguiram na Justiça autorização para manter espaço para fumantes. Uma lei federal editada no ano seguinte acabou com a disputa entre o prefeito e os donos de bares e restaurantes. Ela oficializou o "fumódromo", ao prever que todo "recinto coletivo privado ou público" deve ter uma "área isolada e com arejamento conveniente" para fumantes. Há divisões numa pequena parcela de restaurantes no país, mas áreas isoladas são mais raras que moscas brancas. Em rigor, a única lei antifumo levada a sério em São Paulo é a que veta o uso em ônibus e elevadores. É a lei mais antiga do gênero – foi criada em 1950.

Como não há um movimento forte antifumo no país, ao contrário do que ocorre nos EUA, prevalecem as políticas oportunistas. Maluf, na esfera municipal, e Serra, na federal, lançaram campanhas de efeito na mídia, mas não seguiram a recomendação óbvia dos órgãos internacionais de políticas públicas de saúde: a criação de clínicas para ajudar fumantes a largar o cigarro. Sem tratamento de desintoxicação, as campanhas e restrições são inócuas. Só aguçam o sentimento de culpa do fumante.

O Reino Unido, numa iniciativa do governo trabalhista de Tony Blair, anunciou em março de 2001 que o sistema público de saúde vai bancar terapias de reposição de nicotina para fumantes que querem deixar de fumar. O raciocínio é elementar: 70% dos fumantes querem parar; adesivos e chicletes com nicotina dobram a taxa dos que obtêm sucesso nessa empreitada; nada mais lógico que o sistema de saúde público bancá-lo. O Reino Unido liberou também a venda de adesivos e chicletes com nicotina em supermercados e bancas de revistas, e não só em farmácias. É outro ovo de Colombo: se os cigarros podem ser comprados em qualquer canto, por que não vender por toda parte o seu antídoto?

A nova onda trabalhista inglesa tem duas ou três coisas a ensinar a governos que se propõem a tratar o fumo como questão de saúde pública – o que não é pouco quando se sabe que a opinião pública brasileira, influenciada pelos fabricantes de cigarros, acha que a batalha contra o cigarro é só uma derivação do puritanismo americano.

7. O FUTURO

O futuro do cigarro parece ser o mesmo das tecnologias sucateadas: ao tornarem-se obsoletas nos países ricos, são exportadas para os países pobres. É o que vem ocorrendo com o consumo a partir da década de 70, quando o movimento antitabagista ganha repercussão inédita, principalmente nos EUA. Desde essa época, o consumo de cigarro cai em média 1,5% ao ano nos países do Primeiro Mundo e cresce, praticamente na mesma proporção, no Terceiro Mundo.

Nos países ricos, mulheres e adolescentes são os principais sustentáculos da indústria. No Terceiro Mundo, são os pobres, sobretudo homens, que mantêm os lucros das companhias.

Um retrato fiel do desprestígio do cigarro no início do século 21 está no site da Philip Morris, o maior fabricante do Ocidente (no mundo, as companhias chinesas lideram). Na página de apresentação do site www.philipmorris.com, o substantivo *cigarettes* não aparece nem uma única vez. Como sinal dos tempos, são apresentados com destaque os programas de combate à pobreza financiados pela companhia e um diretório de sites afro-americanos, para a comunidade que é um dos principais nichos da indústria do cigarro nos EUA. As empresas do grupo que aparecem com mais realce no site são a Kraft (alimentos) e a Miller (cerveja). Foi com a compra delas que o grupo Philip Morris tornou-se o maior produtor de bens de consumo não-duráveis do mundo.

Companhias de cigarro que compram empresas de outras áreas não é um movimento novo. Começou em 1969, quando a R.J. Reynolds comprou três empresas de alimentos nos EUA. No mesmo ano, a Philip Morris adquiriu 53% das ações da cervejaria Miller. Naquela época, já havia estrategistas das companhias defendendo que cigarro era um negócio de futuro duvidoso. Em 1988, quando a Philip Morris pagou US$ 13,1 bilhões pela Kraft, não havia muita dúvida de que o cigarro tornara-se um negócio secundário para o grupo.

A razão dos novos investimentos é óbvia: nunca uma indústria perdeu tanto dinheiro em processos judiciais como a de cigarros, apesar de recorrer ao mais sofisticado e caro sistema de defesa de que se tem notícia na história americana.

A globalização abriu novos mercados para as fábricas de cigarro, como o do Leste Europeu e da China, mas também multiplicou os processos judiciais ao redor do mundo, da Austrália ao Canadá, da Bolívia à França. No começo, eram só fumantes que recorriam à Justiça por sentirem-se enganados pela indústria. Mas, depois da indenização de US$ 246 bilhões que ela pagará aos estados americanos, acertada em 1998, pelo menos duas dúzias de países já entraram com ações semelhantes nos EUA para recuperar recursos gastos com saúde pública.

Há aí outro mito propagado pela indústria – o que diz que a luta contra o cigarro seria uma exclusividade tipicamente americana, como o uísque de milho e o bacon consumido logo no café-da-manhã. Como todo mito, ele parte de um dado secundário (o fato de os americanos terem transformado o antitabagismo num apêndice do puritanismo) para mascarar o principal (as fraudes contra a saúde pública cometidas pela indústria). Se o mito fosse verdadeiro, não existiriam campanhas de massa contra o cigarro no Reino Unido e até na China. O Reino Unido também move um processo contra os fabricantes por fraude contra a saúde; a China – o maior mercado mundial de cigarros, com 350 milhões de fumantes – anunciou em março de 2001 que deve seguir o mesmo caminho.

O interesse primário dos países são as indenizações. Mas o exemplo da Califórnia, onde vigoram algumas das mais drásticas medidas contra o fumo, mostra que a saúde pública pode ter dois tipos de ganho nada desprezíveis com as restrições: a redução da mortalidade e a do câncer de pulmão.

O efeito mais espetacular é o das mortes evitadas com restrições e campanhas agressivas. Estudo divulgado em dezembro de 2000 pelo *New England Journal of Medicine* estima que 33 mil mortes só por ataque do coração tenham sido evitadas entre 1989 e 1997. O autor do estudo, Stanton Glantz, aquele professor de medicina da Universidade da Califórnia (e notório militante antifumo desde a década de 60, como vimos no capítulo 2), diz que as campanhas da Califórnia funcionam porque conciliam três características: "Elas precisam ser grandes, precisam ser agressivas e precisam ser dirigidas para toda a população, não só para as crianças".

A Califórnia também reduziu de maneira mais acelerada que outros estados americanos os casos de câncer de pulmão. Pesquisa feita pelos Centers for Disease Control (Centros de Controle de Doenças, órgão do Ministério da Saúde dos EUA) descobriu que o número de casos na Califórnia caiu 14% entre 1990 e 1999, ao passo que em outras regiões do país a redução foi de 2,7% no mesmo período. Em 1988, o estado aprovou uma lei que aumentou em US$ 0,25 o preço do maço de cigarro, e o valor adicional é destinado à propaganda contra o fumo (em 1998, o sobrepreço foi elevado para US$ 0,50).

Enquanto países como a Noruega e a Dinamarca implantam programas similares ao californiano, os próprios EUA ensaiam um recuo, pelo menos nos processos judiciais. A razão é política – mais precisamente, financiamento de campanha.

A vitória dos conservadores nos EUA, com a eleição de George W. Bush em 2000, pode colocar o governo federal na contramão de um movimento que ele próprio iniciara. Assessores de Bush revelaram em meados de 2001 que a União pretende desistir de uma ação movida contra os fabricantes de cigarro (o acordo dos US$ 246 bilhões foi selado com os estados, não com o governo federal).[29] Oficialmente, o ministro da Justiça de Bush argumentou que a ação proposta pelo governo democrata de Bill Clinton era "fraca". Os militantes antifumo apontam outro motivo – seria um agrado de Bush a um dos principais financiadores de sua campanha, justamente os fabricantes de cigarros. Não há meio-tom quando se relaciona fumo e partidos políticos nos EUA: os democratas são contra a indús-

---

[29] "EUA Buscam Acordo com Indústria do Cigarro". *Folha de S.Paulo*, 20/6/2001.

tria, tentaram classificar cigarro como droga e foram derrotados na Suprema Corte em março de 2000; os republicanos são tradicionais defensores da indústria, que retribui a gentileza financiando os candidatos do partido.

Apesar de contar com as melhores agências de publicidade e os melhores escritórios de advocacia, a indústria do cigarro parece não saber lidar direito com os ataques que sofre. As trapalhadas chegam a ser patéticas, como a pesquisa (divulgada em julho de 2000) segundo a qual a morte de um fumante pode ser benéfica para as finanças públicas de um país.[30]

O estudo, encomendado pela Philip Morris, concluiu que, só no ano de 1999, a morte precoce de fumantes teria representado uma economia de US$ 23,8 bilhões a US$ 30,1 bilhões para a República Checa com saúde pública e pensões. A intenção da pesquisa era mostrar o "impacto positivo" do cigarro na economia de um país, mas acabou prevalecendo a visão cínica da companhia. Seria algo como medir os ganhos financeiros com a distribuição de veneno de rato na merenda escolar das crianças. Inicialmente, um porta-voz da Philip Morris na Suíça disse que o estudo "pode parecer muito chocante". Dias depois, a companhia desculpou-se pelo exercício macabro.

---

[30] A pesquisa foi revelada pelo *Wall Street Journal*, na edição de 16/6/2000.

BIBLIOGRAFIA E SITES

LIVROS

Em Português

Karen Bryant-Mole, *Conversando Sobre Cigarro*. São Paulo: Moderna, 1997.

Giacomo Casanova, *Memórias de Giacomo de Casanova de Seingalt, Escritas por Ele Mesmo*. Rio de Janeiro: José Olympio, 1945.

Richard Klein, *Cigarros São Sublimes – uma História Cultural de Estilo e Fumaça*. Rio de Janeiro: Rocco, 1997.

Prosper Merimée, *Carmen e Outras Novelas*. Rio de Janeiro: Globo, 1998.

Russel Mokhiber, *Crimes Corporativos – o Poder das Grandes Empresas e o Abuso da Confiança Pública*. São Paulo: Scritta, 1995.

José Rosemberg, *Temas Sobre Tabagismo*. São Paulo: Secretaria da Saúde do Estado de São Paulo, 1998.

Jean-Paul Sartre, *O Ser e o Nada – Ensaio de Ontologia Fenomenológica*. Rio de Janeiro: Vozes, 1997.

Italo Svevo, *A Consciência de Zeno*. Rio de Janeiro: Nova Fronteira, 1980.

André Thevet, *Singularidades da França Antártida, Que Outros Chamam América*. Belo Horizonte/São Paulo: Itatiaia/Edusp, 1978.

Francisco Furquim Wernek de Almeida, *These Apresentada à Faculdade de Medicina do Rio de Janeiro em 3 de Setembro de 1869*. Rio de Janeiro: Typografia do Apostolo, 1869.

Em Inglês

Stanton A. Glantz (ed), *The Cigarette Papers*. Berkeley: University of California Press, 1996.

Stanton A. Glantz e Edith D. Balbach, *The Tobacco War: Inside the California Battles*. Berkeley: University of California Press, 2000.

Richard Kluger, *Ashes to Ashes – America's Hundred-Year Cigarette War, the Public Health, and the Unabashed Triumph of Philip Morris*. New York: Vintage, 1997.

Tara Parker-Pope, *Cigarettes: Anatomy of an Industry from Seed to Smoke*. New York: New Press, 2001.

Jha Prabhat e Frank J. Chaloupka, *Curbing the Epidemic: Governments and the Economics of Tobacco Control*. Washington, D.C.: World Bank, 1999.

Jha Prabhat e Frank J. Chaloupka (eds.), *Tobacco Control in Developing Countries*. Oxford: Oxford University Press, 2000.

Peter Pringle, *Cornered: Big Tobacco at the Bar of Justice*. New York: Henry Holt, 1998.

Cassandra Tate, *Cigarette Wars – the Triumph of "the Little White Slaver"*. Oxford: Oxford University Press, 1999.

SITES

Em Português
www.inca.org.br/prevencao/tabagismo.html
Mantido pelo Instituto Nacional do Câncer, o site reúne informações sobre prevenção e sobre o impacto do fumo na saúde e na economia.

www.adesf.com.br
Traz as ações da Associação em Defesa da Saúde do Fumante (Adesf), a entidade que move as mais importantes ações judiciais contra a indústria no Brasil.

www.cigarro.med.br
O site oferece um livro eletrônico sobre o cigarro, escrito pelo médico J. Alexandre Sandes Milagres, do Rio de Janeiro.

Em Inglês
www.cdc.gov/tobacco/
Criado pelos Centers for Disease Control, é um dos sites mais completos sobre cigarro. Traz de estatísticas a pesquisas, de métodos para parar de fumar a material para educadores.

www.tobacco.who.int
Mantido pelo programa Tobacco Free Iniciative (Iniciativa Mundo sem Tabaco), da Organização Mundial de Saúde, traz estatísticas globais, políticas públicas de tratamento e estudos sobre o impacto econômico dos cigarros e a relação deles com os jovens.

www.library.ucsf.edu/tobacco
Site dos Tobacco Control Archives, patrocinado pela Universidade da Califórnia em San Francisco. Nele, é possível obter de graça uma versão eletrônica do livro *The Cigarette Papers*.

www.ash.org
É a página da Action on Smoking and Health, entidade criada em 1967 nos EUA para defender os direitos dos não-fumantes. Reúne notícias, pesquisas e informações sobre os processos judiciais.

www.quitsmokingsupport.com
Criado em 1994 para ajudar fumantes a abandonar o cigarro. Tem de salas de bate-papo na Internet a produtos para parar de fumar.

www.tobaccoarchives.com/main.html
Dá acesso, por meio de links, a documentos da indústria do cigarro nos EUA (Philip Morris, R.J. Reynolds, Brown & Williamson, Lorillard, The Tobacco Institute e The Council for Tobacco Research Document).

SOBRE O AUTOR

Mario Cesar Carvalho é repórter especial da *Folha de S.Paulo*. No mesmo jornal, foi editor dos cadernos "Ilustrada" e "Informática".

Entre os prêmios já recebidos por ele, estão o Prêmio Folha de Jornalismo (categoria reportagem), o Prêmio Ayrton Senna de Jornalismo, o Prêmio Abril de Jornalismo e Prêmio do Parlamento Latino-Americano.

FOLHA
EXPLICA

Folha Explica é uma série de livros breves, abrangendo todas as áreas do conhecimento e cada um resumindo, em linguagem acessível, o que de mais importante se sabe hoje sobre determinado assunto.

Como o nome indica, a série ambiciona *explicar* os assuntos tratados. E fazê-lo num contexto brasileiro: cada livro oferece ao leitor condições não só para que fique bem informado, mas para que possa refletir sobre o tema, de uma perspectiva atual e consciente das circunstâncias do país.

Voltada para o leitor geral, a série serve também a quem domina os assuntos, mas tem aqui uma chance de se atualizar. Cada volume é escrito por um autor reconhecido na área, que fala com seu próprio estilo. Essa enciclopédia de temas é, assim, uma enciclopédia de vozes também: as vozes que pensam, hoje, temas de todo o mundo e de todos os tempos, neste momento do Brasil.

#	Título	Autor
1	MACACOS	Drauzio Varella
2	OS ALIMENTOS TRANSGÊNICOS	Marcelo Leite
3	CARLOS DRUMMOND DE ANDRADE	Francisco Achcar
4	A ADOLESCÊNCIA	Contardo Calligaris
5	NIETZSCHE	Oswaldo Giacoia Junior
6	O NARCOTRÁFICO	Mário Magalhães
7	O MALUFISMO	Mauricio Puls
8	A DOR	João Augusto Figueiró
9	CASA-GRANDE & SENZALA	Roberto Ventura
10	GUIMARÃES ROSA	Walnice Nogueira Galvão
11	AS PROFISSÕES DO FUTURO	Gilson Schwartz
12	A MACONHA	Fernando Gabeira
13	O PROJETO GENOMA HUMANO	Mônica Teixeira
14	A INTERNET	Maria Ercilia
15	2001: UMA ODISSÉIA NO ESPAÇO	Amir Labaki
16	A CERVEJA	Josimar Melo
17	SÃO PAULO	Raquel Rolnik
18	A AIDS	Marcelo Soares
19	O DÓLAR	João Sayad
20	A FLORESTA AMAZÔNICA	Marcelo Leite
21	O TRABALHO INFANTIL	Ari Cipola
22	O PT	André Singer

23	O PFL	Eliane Cantanhêde
24	A ESPECULAÇÃO FINANCEIRA	Gustavo Patú
25	JOÃO CABRAL DE MELO NETO	João Alexandre Barbosa
26	JOÃO GILBERTO	Zuza Homem de Mello
27	A MAGIA	Antônio Flávio Pierucci
28	O CÂNCER	Riad Naim Younes
29	A DEMOCRACIA	Renato Janine Ribeiro
30	A REPÚBLICA	Renato Janine Ribeiro
31	RACISMO NO BRASIL	Lilia Moritz Schwarcz
32	MONTAIGNE	Marcelo Coelho
33	CARLOS GOMES	Lorenzo Mammi
34	FREUD	Luiz Tenório Oliveira Lima
35	MANUEL BANDEIRA	Murilo Marcondes de Moura
36	MACUNAÍMA	Noemi Jaffe
37	O CIGARRO	Mario Cesar Carvalho

Este livro foi composto nas fontes Bembo
e Geometr 415 e impresso em novembro
de 2001 pela Donnelley Cochrane –
Brasil, sobre papel offset 90 g/m2, com
fotolitos fornecidos pela Publifolha.